郑丽君 著

陪孩子遇见美

走一条美育带班路

中国纺织出版社有限公司

图书在版编目（CIP）数据

陪孩子遇见美：走一条美育带班路 / 郑丽君著. --北京：中国纺织出版社有限公司，2022.9
ISBN 978-7-5180-9807-1

Ⅰ.①陪⋯ Ⅱ.①郑⋯ Ⅲ.①美育—研究 Ⅳ.①G40-014

中国版本图书馆CIP数据核字（2022）第157101号

责任编辑：李凤琴　　责任校对：高　涵　　责任印制：储志伟

中国纺织出版社有限公司出版发行
地址：北京市朝阳区百子湾东里A407号楼　邮政编码：100124
销售电话：010—67004422　传真：010—87155801
http://www.c-textilep.com
中国纺织出版社天猫旗舰店
官方微博 http://weibo.com/2119887771
北京华联印刷有限公司印刷　各地新华书店经销
2022年11月第1版第1次印刷
开本：710×1000　1/16　印张：14.5
字数：136千字　定价：56.00元

凡购本书，如有缺页、倒页、脱页，由本社图书营销中心调换

自序
以美育美，美善天成

李清照在《念奴娇·春情》中写道："清露晨流，新桐初引，多少游春意。"此句向我们描绘出生机勃勃、春意盎然的景象，令人神清气爽，心情愉悦。民间还有倪云林洗濯梧桐的故事，成为文人雅谈，明代画家崔子忠画的《云林洗桐图》展现的就是这个场景。如果说是人们称奇于云林对梧桐的深切怜爱，倒不如说是他追求清新雅静的境界打动了世人。

是啊，我们总是心动于世间那纯粹的美好意境中。我去钱塘江边晨跑的时候，经常被草尖上的露水吸引。它们背着阳光熠熠生辉，晨风吹来便倏地落入泥土中，这纯净利落的清露让我觉得每一天都是美好而新鲜的。暑假里，我凌晨5:00陪妈妈去虎跑公园接山泉水。当我看到那一汪清泉在晨曦里安静地往外冒，我感觉我的身体和灵魂都被这大自然的纯粹洗礼了。再说梧桐，在中国古人看来，不同凡木。《庄子·逍遥游》中描绘了一种高贵飘逸的鸟，在飞向南方时，"非梧桐不止"。因此，无论是自然、行为还是人格，当呈现纯粹的美感时，便是一种莫大的吸引。

我想教育也应该如此。教师应以一颗纯粹的心打造一个美好的教育场来吸引学生主动靠近，积极融入，然后将一些东西刻在学生的生命中，跟随其一生。当有一天学生离开我，离开班级，离开校园，忘记了在课堂上学过的具体知识，这时留在学生身上的，才是真正属于他们的东西。很多年前我读过一首名为《有一个孩子向前走》的诗，其中有一句一直刻在我的脑海里："有一个孩子每天向前走去，他看见最初的东西，他就变成那东西。那东西就变成他的一部分。"我希望，我能陪学生在人生的初级阶段走一条充满美的路，在这条路上遇见的东西都能转化成他们审美的能力。

当然，学生的审美意识和审美能力大部分都是在自发而不是自觉的状态下完成的。在践行美育带班路的过程中，我逐渐意识到班级美育就是学生向前走时遇到的一束光，在光的指引下，他们各自发现美，认识美，体验美，然后在一个共同的审美氛围中，去创造更多的美。所以，班级美育的美妙之处，往往体现在那些不经意间播下的种子，那些没有企图的浇灌，突然某天就迎风出土了。"懿美形象""谐美礼仪""略美日记""专美班宝""惠美班风""悦美阅读""斓美班本"和"臻美行动"这八个系列既像美育带班路上的驿站，又像我和学生一路前行的里程碑。当我们在"驿站"享受完美好时光继续前行时，暮然回首，突然发现我们也在创造着一个个美好的瞬间，这些被时间段隔开但紧密联系着的瞬间逐渐融合，在我和学生共同成长的路上熠熠生辉。

记得去年暑假的一天，我的一个毕业好久的学生突然给我发了好几张她穿裙子的照片，请我提提穿搭建议。原来她即将去实习，想要以一个好的形象开启一段新的征程。一段寒暄之后，这个已经长大的女生又一次回忆起小学时光，问我是否记得在湘湖跨湖桥遗址附近的草地上带他们找幸运四叶草的情景。我说当然记得啊。她接着在屏幕上打了一段令我眼眶湿润的话："郑老师，每当我觉得天空昏暗的时候，我就停下脚步低头观察和思考，然后幸运就来了。每一次的驻足都让我明白，低头不会把皇冠掉下来，而是为了让皇冠戴得更沉稳。"

其实，每一届的学生在毕业的时候都会涌起许多美好的场景，甚至毕业多年也会在梦境重现小学生活的片段——

他们会回忆起我们那么多年共同获得的荣誉：运动会创意入场式上和团体项目的"n连冠"，每个学期"洁美教室"和艺术节评比的一等奖……

他们会回忆起校园里每一个美好的存在：关于海棠，关于桂花，关于银杏林，关于春天校园上空的风筝，关于冬天操场上的白雪；

他们会回忆起一起去探索的"杭州精神"：关于悠久的历史，关于美丽的艺术瑰宝，关于伟大的历史名人，关于璀璨的世界遗产；

他们还会回味刚刚进入青春期时，郑老师和他们相处过程中的"留白艺术"……

就是因为我所带过的班级都有一个共同的精神体——"追求美和创造美"，所以每一届学生都会有相似的回忆，身上会有相似的气质与风格。十五年的带班之路，我收到了一届又一届的学生关于美的诠释：他们在学习、生活和工作中与美同行，且影响着身边的人向美而行。

我常常会想起当我还是一个小姑娘的时候，我读过很多理论的书，也参加过一些专业的班主任培训，虽然学有所获，但当我在面对实际班级管理时，却仍然觉得自己很幼稚。彼时，一位亦师亦友的班主任前辈告诉我：在别人手指的方向走自己的路。我便开始思考我可以走一条怎样的带班之路。然后，我就找到了这条"美育带班路"。

后来，我有幸得到杭州市上城区德育教研员全晓兰老师的引领。她送给我一句话："以美育美，美善天成。"这短短八个字是我这十多年来行走在美育带班路上强有力的精神力量，也是我前进的灯塔。她一直鼓励我要坚持自己内心最纯粹的目标，这样一定可以实现自己的教育理想。她这么说，我就这么做了，然后，我就慢慢做到了，还成立了杭州市郑丽君名班主任工作室，和志同道合的伙伴共同研究探索"美育班本课程"。

自2005年起，我一直在杭州天成教育集团这个充满信任与关怀的环境里成长。学校领导给予了我相对广阔的空间，让我心无旁骛地践行自己的班级管理模式。工作室的伙伴和周围的同事给予了我无限的支持，让我更加相信自己走的是一条正确的路。

清露晨流，新桐初引。愿我们每一个奋斗在教育一线的人，都能以一颗纯粹的心引领学生走好人生最初的这段路，塑造一颗颗天真、善良、高贵的心灵，让学生看他们自己的时候，只能看到美丽，让长大后的他们创造世界的时候，只能创造美丽。这是我的教育理想，也是我正努力做的事情。

郑丽君
2022.8 于杭州

目录

第一章 懿美形象开启美好班级 001

  第一节 第一次亮相 003

  第二节 开学第一课 009

  第三节 开学第一周 021

  第四节 开学第一月 027

第二章 谐美礼仪牵引和谐班级 031

  第一节 和乐的常规礼仪 033

  第二节 和谐的人际关系 040

第三章 略美日记凝聚教育能量 047

  第一节 齐写略美日记 049

  第二节 共建美好教育场 057

第四章 专美班宝点亮生命之光 067

  第一节 价值认同的意义与策略 069

  第二节 个性之美的呈现与力量 075

第五章　惠美班风生成多彩风貌　081

第一节　班级环境创设的诗意思考　083
第二节　班级物理环境的设计与操作　088
第三节　班级文化环境的生成与建设　095

第六章　悦美阅读提高审美能力　105

第一节　体验阳光阅读之趣　107
第二节　品味优美与崇高　116
第三节　展示文学创作之美　125

第七章　斑美班本促进成事育人　131

第一节　斑美校园课程　133
第二节　悠美杭州课程　149
第三节　淳美乡域课程　165

第八章　臻美行动发挥美育力量　175

第一节　关爱行为中的留白之美　177
第二节　家校合作中的仪式之美　193
第三节　社会行动中的崇高之美　203

参考文献　221

第一章

懿美形象
开启美好班级

如果教室里每个孩子都是美的样子,教育该有多么美好。这是我期望的境界,也是我努力做着的事情。

懿美形象开启美好班级。

写下开头这句话，内心有些忐忑。

我想表达的是，端庄优雅的穿着打扮和文明得体的言行举止是"美"的开端，而开学伊始就提倡引领这样的"美"，这是把班级带好的一半。我不知道，以"懿美形象"作为本书的开端，是不是可以给开启本书的读者带来一份美好感觉，毕竟这是一本试图阐释以班级建设为载体进行育的书。

但我还尊重自己内心的真实，就这么开端。我知道，真实就是美，这点您一定认同。所以，我以自己"美"的姿态呈现给第一天与我相遇的孩子们。

《读书最美》金亚男绘

现就读于浙江财经大学软件工程专业

第一节　第一次亮相

第一次接触是播种美的最佳时机。

再遇见新一届学生，我已经是工作十四年的老班主任了。

那天我精心打扮了一下自己：一身墨绿旗袍，簪拢一头乌发，穿一双乳白色的高跟鞋；粉底薄施，眉梢轻点，嘴唇淡抹……这些，是我开学第一天的习惯性准备。但这些并不是这次的重点，重点是我手里那本摊开的书。

正如您所料。就是这样一身装束，手捧一本书，我走进了教室。开学第一天，每个孩子都很乖，所以教室里非常安静。晨间谈话的铃声已敲响很多分钟，而我站在讲台上，一言不发，只是安静地看我手中的书。我知道，每个孩子的内心都在嘀咕着一个声音，但每个人都不会发出声音。这就是孩子的内心世界。渐渐地，他们也拿起课桌上的新课本看起来。一言不发，是我精心的设计。

大约15分钟后，我在黑板上写下了自己的名字：郑丽君，并在名字的旁边画了一丛花草和几只翩翩起舞的蝴蝶。然后回头对全班小朋友说："小朋友们好，欢迎大家来到我们这个大家庭，我叫郑丽君，大家以后叫我郑老师就可以了。"说着，我把手指指向了"郑丽君"三个字。此时,教室里的安静才被打破。孩子们像被赦免了什么罪似的,长舒了一口气。

"小朋友们,你们觉得郑老师美吗?"这是我的第一个问题。

"美!"异口同声。这就是孩子。

"好,那我要问大家了,郑老师美在哪里呢?"脸上堆满了笑容,是为了让孩子们放松心情,畅所欲言,"一个一个说哟"。

"郑老师长得漂亮!""郑老师衣服漂亮!""郑老师弯弯的眉毛漂亮!""郑老师高跟鞋漂亮!""郑老师的名字漂亮!"……

各种答案,纷至沓来。但几分钟之后,声音就低了下来。孩子们实在找不出郑老师美在哪里了。我开始进行启发了——

"谢谢大家夸奖郑老师,但是呢,大家都是从郑老师的长相和穿戴来说郑老师美的。"一个班主任,在日常工作中一定要懂得自己的教育目的是什么,"谁能从郑老师的言行上来说说呢?"

一语点拨,孩子们的脑洞就打开了很多。

"郑老师的站姿很美。""郑老师的声音很好听。""郑老师走路很好看。"……我知道,孩子们一直说下去,总有我期待的答案。果不其然,一个小男生站起来说:"郑老师读书的样子很美。"

"为什么读书的样子很美呢?"我知道,很多时候孩子的口说出的道理,比老师直接灌输给孩子要有效得多。

"因为有学问的人才是最美的。"

还有孩子补充道:"因为妈妈经常说,人'腹有诗书气自华'。"

"是啊,孩子们,我们都四年级了,我不希望我们还是一到校还打闹的小朋友，我不希望大家还是一下课就追逐的顽童；我希望你们用自己的读书展现给别人自己美丽的样子，我希望我们的每位同学都成为爱读书的孩子，郑老师也会和你们一起读书，让我们成为咱们学校最美的风景，可以吗？"

您是可以想象的，答案一定是异口同声的"可以"！

"大家有没有看到，老师在黑板上写自己名字的时候，旁边还画了一丛花草和几只蝴蝶？"答案自然又是整齐的"看到了"，这就是小学生中段孩子的特点，"老师想考考大家，结合刚才我们对美的讨论，谁能告诉我老师这么画是想告诉大家什么道理？"

答案当然是什么都有，当然也还有我期待的答案。其实我就想告诉孩子们，人只有把自己开成美丽的花，才会有蝴蝶前来；人只有美丽成自己，才会有更美好的世界围绕在周围。

如果引导到此，就以为孩子们会形成爱读书的好习惯，教育就太简单了。所以，班主任们千万不要以为引导了就是成功，真正行动了，并且由点到面地行动，才是真正的成功。所以，接下来我说："我希望午饭后能看到咱们班有同学在走廊上看书的美。"

这句话我是认真备课了的。"有同学"对我自己来说不奢望所有的同学都能看书，对孩子们来说也有激励的意图——看谁是第一个吃螃蟹的人；"走廊上"是暗示看书的同学到走廊上看，因为走廊相对而言是个公共场所，经过的老师和别班同学很多。我相信，老师们一定会说上几句赞赏的话，别班的同学也一定会投来欣赏的目光。教育的智慧并非完全来自自己的施出，很多时候要懂得借取别人的力量,达成自己生长的目的。老师或其他同学的赞许,会让在走廊上看书的孩子内心生发出喜悦与自豪。这份喜悦和自豪,是走廊阅读可持续发展的动力。

诚然,这只是一个开端,如何把"读书为美"做成更系统的工程,后续我会详细介绍给朋友们。这里只谈我在孩子们内心播种下"读书为美"的种子。

所谓美育德育,我浅薄的理解里有"以美为媒介,抵达德育目的"的意思。对于班级德育来说,让学生爱上读书爱上学习是非常非常重要的一环。所以工作十多年后的那天,我选择了以"读书"为美。

当然这不意味着,朋友们也要这么做,因为"美"的种子有很多,播种下任何一颗美的种子,都可能长出美丽的苗,开出美丽的花,结出美丽的果,进而生出更多的美丽的种子。如果教室里每个孩子都是美的样子,教育该有多么美好。这是我期望的境界,也是我努力做着的事情。

在以往的开学之初,我播种过不同的美丽的种子——

2005年9月1日,工作伊始。作为一名真正意义的小学老师,我第一次走上真正意义的讲台。那一天,我五点半就起床了,精心挑选了一件淡黄色的连衣裙,对着镜子化了一个淡淡的妆容。七点整,我来到教室,在每个位置上放了一条小手绢。我走上了讲台问孩子们的第一个问题依然是"你们觉得郑老师美吗"?当一个孩子说:老师的裙子很干净很美。我微笑着顺势引导:是呀,穿干净漂亮的衣服可以让我们变得好看,讲卫生你就是美的。桌子上的手绢是送给大家的,以后同学们要把自己收拾得干干净净的。

那天的初遇，我对一年级的孩子进行了"干净为美"的启蒙。

2010年9月1日，我迎来了我的第二届学生——来自404班的孩子。我在每个学生的桌子上放了一包漂亮的姓名贴，告诉他们初次相识，我和其他任课老师对同学们不熟悉，大家可以把姓名贴别在胸口上，方便我们互相认识。

那天的初遇，我在孩子内心播种了"心有他人为美"的种子。

2013年9月1日，我用一盆开花的多肉，引导孩子萌发了"美可以创造"的意识。

2018年9月1日，我用一包半成品的手工贺卡，在孩子们内心播下了"生成为美"的种子……

除了第一届学生是我从一年级接手的，此后的每一届学生我都是从中高段开始接手。每一个谈话课将结束时，我都会有类似的一段总结：谢谢同学们的评价，看来郑老师在大家心目中的形象是美好的，老师希望大家也能做一个美好的人。我们一起来说说看，要成为一个美好的人，需要具备怎样的素养呢？于是，师生共同梳理了以下几点：一是衣着要得体好看；二是要懂得欣赏艺术；三是要懂得礼节；四是要有文学修养。对于中高段的孩子来说，他们已经有了一定的审美能力，对于美的认识不仅仅停留在外在形象，他们更多地能领略到来自老师修养与人格的美，从而在内心升起对美的向往。

列举这么多，其实就是想告诉朋友们，您也可以播种不同的美的种子。之所以列举这么多9月1日，是想和朋友们分享我的理解——

第一次接触便是播种美的最佳时机。因为"第一次"每个孩子都有一份强烈的期待，容易留下深刻的印象；因为"第一次"每个孩子都有想通过自己的表现获得老师赏识的内在心理，容易让班主任美的期待变成美的实施的开端；因为"第一次"每个孩子都有"自我粉饰"心理，他愿意把最美好的一面呈现给大家，所以会主动做事……

其实，每接手一个新班级的第一次家长会，我也是精心准备的：以端庄典雅的形象表达对每个家长的尊重，通过自己优雅得体的言行让坐在教室里的每位家长都能受到礼遇。无论是学生还是对家长，我从来都是向内而生，不辜负自己对教育的热爱，关注"第一次"的每一个细节，向外而行。也许在家长会之前，我们的孩子会在有意无意间向家长流露出自己的老师是如何在班级践行美的，那么，在第一次家长会上就应该让家长感受到郑老师果然如孩子说得那样。如此引领家校共育向美而往。

所以，朋友们，请抓好这美好的第一次。

诚然，我们必须要明确的是，美的第一次，其实是为了后续诸多的美做开端的。任何一个开端，都是美的整体的一部分。也就是说，您在用心设计美的第一次的时候，其实您已经有了整个以美为媒介，打造美好班级的系统了。如果没有系统，美的第一次就成了美的碎片。再美好的碎片美，最终的结局都是归为尘土，成就不了理想的美的大厦。

第二节　开学第一课

我喜欢丑小鸭的故事，不仅仅是因为故事美好的结局，更是因为故事的内容：丑小鸭本来就是天鹅，只是生活在鸭群里而遭到排挤，但它在困境中仍然渴望美，追求美，最终没有辜负自己。我也喜欢豌豆公主的故事，喜欢故事里那个纯粹的公主：即使十二床鸭绒被下有一颗豌豆也能感受得到。前文谈到的第一次亮相，就是想让学生直观形象地感受：美，其实很简单，很纯粹，每个人都可以变美，每个人都可以创造美。因此，每一个学年的开学第一课的内容让学生初步形成体验美和践行美的意识。

当然，开学第一课肯定要有常规的渗透。可能有老师会问：这里为什么不用"制定"而用"渗透"这个词呢？因为在我看来，常规不是我事先罗列一些条条框框要求学生一步步执行的，而是通过一定的主题活动和礼仪引领，让学生清晰地感受和明确在课堂、课间等校园生活中该怎么说、怎么做才是合理得体的，从而由内而外地、自然而然地呈现美好的言行。

本书是阐述本人在教育教学过程中试图通过美育来形成一个美好的教育场的，故开学第一课除了常规的渗透，还会根据不同学段学生的认知和心理特点利用不同的教育手段和途径给学生渗透一些通俗易懂的美学知识。下面将分别通过三年级和六年级的两堂课堂实录进行阐述。

微笑，也是一种文明的语言

——2018学年第一学期310班开学第一课（课堂实录）

一、课前谈话：礼貌用语的渗透

师：聪，请你将多媒体的大屏幕打开，好吗？谢谢你。

聪：不用谢。

师（看见讲台边一铅笔掉在地上，弯腰捡起来）：薰，请把你的铅笔放好哦。

薰：谢谢老师。

师（转身不小心碰到悦的手臂）：对不起，悦。

悦：没关系。

二、引出主题：微笑，也是一种文明的语言

师：刚才课前和我们三位同学的对话，老师感到很舒服，也很愉悦。大家知道为什么吗？

生：因为你们都使用了礼貌用语。

师：是的呀。除此之外，刚刚和三位同学说话的时候，我们的眼睛都看着对方的，对吧。所以和别人说话或回答问题的时候眼神要专注。不过，令我们的谈话最愉悦的是，我们都微笑着说话。聪、薰、悦，你们觉得呢？

聪、薰、悦（微笑着）：是的，老师。

师：因此，微笑，也是一种文明的语言。这就是我们开学第一课的主题。

三、欣赏名画：微笑的魅力

师：知道这幅画名字的请举手。

（有三分之一的同学举手，并说出来画的名字。当说到"微笑"时，嘴角都上扬了，其他同学也不自觉地扬起嘴角微笑。）

师：这是达·芬奇的作品。如今这幅世界名画收藏在法国巴黎的卢浮宫博物馆，每天都有许许多多的人前来观赏。那这幅画有怎样的魅力吸引着全世界的人呢？

生1：因为蒙娜丽莎的微笑。

师：说得好极了！仔细观察这幅画，把你的发现和感受说给大家听。

生2：我感觉她在朝我微笑。虽然她不会说话，但是我感觉她在跟我交流。

生3：她笑不露齿，让人感觉她很优雅，所以觉得她很好看。

生4：原来微笑可以这么迷人。看来我们以后要保持微笑。

生5：我感觉她此刻的心情应该还不错。我明白了，微笑的确是一种语言，可以向别人表达自己内心的愉悦。

师：同学们太了不起了，不仅感受到了微笑的魅力，还会和名画对话。为你们高兴。

四、读名言故事：微笑的力量

师（微笑地）：让我们一起诵读大屏幕上的关于微笑的名人名言吧。

（师生微笑共读名言。）

师：喜欢这些名人名言吗？

生：喜欢。

师：老师之前也猜你们喜欢，所以请书法家朋友书写了这些关于微笑的作品，现在请两位同学挂在教室的墙上，我们常常欣赏，常常保持微笑，好吗？

生（笑）：好的。

生（掌声）：哇，多么好看的字啊！

师：是啊，这些书法作品给我们带来了美的享受。我猜同学们也喜欢听故事，对吧！

生（笑）：对呀！

师：那就让我们静静地读这个故事——《十二次微笑》。

（师生止语静读故事）

师：故事读完了，我们也来聊一聊，学习生活中微笑拥有哪些神奇的力量。

生1：有一次，妈妈店里的服务员把菜汤洒在客人身上，客人很生气，妈妈就一直微笑着和客人道歉，后来客人就原谅她们了。

生3：我妹妹刚生下来的时候很喜欢哭，我就天天逗她笑，现在，她一看到我就笑，她喜欢我，我也喜欢她。

生3：家里的亲戚和长辈们都很喜欢我，因为我每次看到他们都笑眯眯地打招呼。

生4：老师，你早上说我是你第一个记住名字的同学，你说我笑起来的酒窝太好看了，所以令人印象深刻。

……

五、注意事项：微笑的礼仪

师：既然微笑有如此动人的力量，那是不是所有的场合都要保持微笑呢？

生：当然不是了。

师：俗话说：伸手不打笑脸人。但并不是所有的场合都适合微笑的，因为微笑也是一种语言。请一位同学读大屏幕上节选自《只会笑的小木偶》的片段。

（生读故事片段）

生1：看来，以后批评其他同学的时候我可不能笑了。

生2：好朋友难过的时候我也不能在她身边笑。

师：微笑不仅要看场合，还要有一定的方法和礼仪呢。那怎样的微笑才是最美的呢？请看大屏幕。这是被称为最伟大的女演员奥黛丽·赫本的笑容，她的笑容是不是也感染了你？同学们仔细观察，她的笑容有什么特点呢？

生1：一、二、三……老师，她露出了八颗牙齿。

生2：她笑起来的时候我感觉是发自内心的，你看她的眉毛弯弯的，眼睛有点眯起来，还闪闪发光，所以看到她笑，我也想笑。

师：美丽的笑容不仅需要发自内心，还需要日常的训练呢。老师示范给同学们看哦。

（师拿出一根筷子，牙齿轻轻咬住，露出牙齿，学生跟着练习，之后再请四个学生上台展示美丽的笑容。）

师：当然，如果我们面对的不是很熟悉的人，我也可以笑不露齿，微微一笑即可。同学们，从今天开始，我们师生微笑相伴，把学习和生活变得更加美好，好吗？最后，让我们一起聆听飞儿乐队演唱的歌曲——《你的微笑》，会唱的同学跟着一起唱哦。

（歌曲结束，下课。）

如果说德育其中的一个功能是培养学生积极的情感和发展学生独立人格的话，那么在我看来，美育就是对学生进行感性的培养，激发个体对美好事物的渴望与追求。文明，对于孩子来说，既是具象的，又是抽象的。我们希望班级的孩子日常行为中能讲文明，我们的孩子也的确明白无论是在校园还是在日常生活中都要讲文明，可有时候却做不到。这个"做不到"不是不知道怎么做，而是因为被要求"文明"，每每就忽略了"文明"。如果在开学第一课和孩子们一起制定各种"文明"的框架，虽然在表面上看来是体现所谓的民主，但实际上是对孩子精神与思想的"绑架"。中国自古以来美学的哲学思想是"解放"与"陶冶"。在这一堂"开学第一课"上，我选择文明的一个角度——微笑，以小见大，从美育的角度激发学生由内而外发自内心地做一个文明有礼的人。

这节课通过欣赏名画、读故事、听唱歌曲等环节来让学生感受到微笑的美与魅力，是非常符合三年级学生的年龄特点，同时"欣赏""阅读""听唱"也是美育的方法。事实证明，这样的开学第一课有效地激发了学生的文明意识，在今后的日子里，我们班级的孩子以微笑为窗口，打开了一扇文明之窗。

终点，即为起点

——2017学年第一学期611班开学第一课（课堂实录）

一、成长：是脚踏实地地努力（充实的美）

师（播放歌曲）：这首歌大伙儿都听出来了吧？那就是我和同学们共同的偶像——周杰伦的一首歌曲。

生：《蜗牛》。

师：我们一起放声歌唱吧。

（师生齐唱歌曲《蜗牛》）

师（音乐继续，播放照片）：孩子们，看，这是你们从一年级到五年级开学的照片。有什么想说的吗？

生（笑）：我们都长大了！

师：是呀，五年来，同学们有成功的喜悦，也有失败的难过，在酸甜苦辣中一步一个脚印，从懵懵懂懂的小娃娃成长为知书达理的高年级同学。这些年来，老师和家长陪伴着你们，也见证着你们努力向上爬的脚印。

家长1：我印象最深的是我们小焱一年级的时候不太会跳绳。这个孩子有一股不服输的劲儿，每天努力练习，练着练着，就停不下来了,这不,五年级三跳比赛中获得了短绳冠军。

家长2:我们家小彤刚进入三年级时,写作文是她最头疼的事儿,每次写作文都会流眼泪。在郑老师的指导鼓励下,她写作渐渐步入佳境。在这个过程中,我也有过不耐烦,有过呵斥,甚至抱怨,不过,我一直陪着她,督促她坚持下去。所以,小彤的成长更带给我一次精神上的洗礼:那就是凡事不放弃努力便可以成功,这对于我来说也是一种成长。

家长3:这些年来,我都不怎么在班级群或者家长会上发言,不是我高傲,而是我不好意思,因为我儿子成绩不好。今天在郑老师的鼓励下,我第一次来到我们班的"开学第一课",想告诉孩子们:一时的落后不代表永远的落后。你的同学小段虽然现在还不优秀,但是他的成绩从不及格到及格,这就是他的进步。其实,每个人的成长都需要脚踏实地地努力,当你走过一段路,回头看看,就会觉得特别充实。

师:是呀,努力的过程就是一种美好的经历。如今,我们迈入六年级,如六百米的长跑,即将奔向终点。接下来的一年里,我们应该——

生:全力以赴地冲刺。

二、终点:是全力以赴地冲刺(力量的美)

(师出示历年运动会上班级运动员向终点冲刺的视频,班长逐一采访。)

班长:小夏,这是你五年级参加200米决赛咬牙冲刺的情景。记得当初你从枪声响起就奋力往前冲,我以为那是你最快的速度了,可是没想到快到终点又加快了速度。你是怎么做到的?

小夏:当时我就只有一个念头:超过前面一个同学,我就咬紧牙关不顾一切地往前冲,最后我做到了。

班长:小米,当时你在赛场上是最后一名,距离前一位同学有比较长的一段距离,可你还是加速奋力奔向终点,你能告诉我们为什么吗?

小米:我知道我肯定是无法超越其中的任何一个人了,可我不想最后的成绩与他们相差太大,所以就拼命往前跑,这样我至少超越了自己。

班长:小敏,当时我们全班同学都为你加油,你快速地奔向终点,我们以为你会得冠军,结果在最后一刹那,另一个同学超越了你。当时你难过吗?

小敏:我当时很遗憾但是我不难过,我知道我很努力地奔跑,别人也在很努力地追我,我从来不敢保证我一定可以得冠军。正是因为有那么多的强手在追赶我,所以我从听到枪声响起就拼了命地往前冲。我尽了自己最大的努力了,所以我不难过。

……

班长:同学们,你们觉得照片上他们冲刺的样子美吗?

生1:我觉得很美,那是一种积极向上奋力拼搏的精神。

生2:我觉得是一种力量的美,你看小夏腿部紧绷的肌肉,体现了一种永不止步的美感。

生3：我也觉得是一种力量的美，你们看小米紧握的拳头和咬紧牙关的腮帮子，是那种不顾一切抵达终点的美。

……

师：孩子们说得真好。运动场上爆发的这种张力，既是运动时的身体美，也是拼搏时的精神美，这就是全力以赴冲刺时的力量美，给我们心灵带来触动与震撼。这样的触动与震撼能给我们带来无限的启发。

生1：我们即将奔向小学的终点，所以我们在学习上也要全力以赴地冲刺。

生2：我觉得我们应该像赛场上的运动员一样，挑战自己，超越别人。

生3：咬紧牙关用力地奔向小学生涯的终点，为小学学习生活画上圆满的句号。

师：同学们，你们觉得小学最后一年我们是画句号还是别的标点符号？

生1：我觉得应该是省略号，因为未来还有无限的可能。

生2：我觉得应该画逗号，因为小学毕业了，迎接我们的还有中学和大学，老师您说过学无止境。

师：是呀，当我们到达一个阶段的终点时，意味着下一个阶段即将启程。学习，就是一次次的开始，又是一次次地挑战突破。

三、起点：是孜孜以求地突破（挑战的美）

师：请看大屏幕，我们班又有一篇习作发表在《同步作文》

上。你们猜,这是谁的作品?

(生众说纷纭,均未猜中)

师:这是小于的作品。

生(惊讶状):不会吧,想当初他有一次习作还不合格呢。

小于:这就是我的作品。这也是我万万没有想到的。当初我写了那篇不合格的习作后,老师跟我说:人生会有很多次"不合格",我们要在"不合格"时吸取教训,确定新的目标去努力,去挑战自己的短板。所以,上个学期我的单元习作一篇比一篇有进步。每写完一篇老师评价后,我就给自己下一篇习作确定一个新的目标,然后去突破,去挑战。

师:孩子们,你们知道吗?小于的每篇单元习作交上来之前都打了不少于五遍的草稿。他的习作刊登在《同步作文》上,这绝不是他的终点,只是他发表作品的起点,我相信他会有更多的作品发表在更高层次的刊物上。小于,对吗?孩子们,面对一年后的新起点,你们可以树立新的目标了,然后不停地去挑战突破。这个过程一定是一个非常美好的过程。

(生开始书写"目标卡"。之后,班歌《我要飞得更高》响起,同桌互换"目标卡",并珍藏,共同促进见证目标的实现。音乐结束,下课。)

在我看来,音乐是所有艺术活动中最具感染力的一种艺术行为,以优美的韵律和歌词来调动人的情绪,令人由内而外地产生一股能量,从而更积极地投入到一定的场景中。本堂开学第一课的开头播放《蜗牛》这首歌曲，旨在唤醒学生意识并推动其投入课堂当中来。在本课即将结束时，播放《我要飞得更高》，再一次调动学生的情绪，升华其情感。

为什么要在每个学期伊始开设"开学第一课"？因为这是引领学生进行积极审美体验的一个很好的契机，而美育过程最核心的部分就是审美体验。同时，审美体验是多层次、多维度的，不能拘泥于某个鉴赏活动，否则就显得狭隘了。让学生在审美体验中开启新的学习生活，这是把抽象的"新学期、新气象"具体化了。基于这样的美育思想，我把这样的班会课设计成一系列的美育活动，具有"身体与体验的统一，认知与实践的统一，受动与能动的统一"的特点。

以本堂班会课为例，通过三个环节让学生体验脚踏实地努力后充实的美、全力以赴冲刺时的力量美、孜孜以求突破后的挑战美。这个环节中除了音乐陶冶的设计外，还有以下能激发学生积极参与审美体验的设计：播放照片与视频、家长参与交流、班长进行访谈等。这些设计，有音乐与图片呈现的艺术美，也有师生家长的语言美，还有在交流过程中碰撞出来的思想美。这些审美体验是我们应该给予孩子的，事实证明，孩子经历了这样的审美体验后，思想和行动都变得积极起来，给学习生活带来很大的正面影响。

第三节　开学第一周

庄子云：天地有大美而不言，四时有明法而不议，万物有成理而不说。自然之美令人心动，欣赏热爱自然之美自古是人们油然而生的；四季运行的规律不是人为的创造；万物枯荣生死也是自然界的规律，人类也无法加以干涉改变。美学家朱光潜先生在他《谈美》一书中曾提到庄周说的这番话的第一句——天地有大美而不言。的确如此，美育从来都是吸引而不是强制，是陶冶而不是为难，是主动接纳而不是被动跟风。

我带班的初衷一直都是力图通过美育让学生认识并践行"班级是我学习的场所，是我要融入并维护的集体，是我生命的一部分"；通过日常细节培养学生审美意识，带领学生进行审美体验，从而以"认识美、体验美、创造美"来形成一个美好的班集体。故开学第一周，我没有紧锣密鼓地带领学生进行班规的制定，也没有大张旗鼓地进行班干部的竞选。那我在做什么呢？在这一周，我更倾向于作为一个观察者与讲述者的身份。我观察学生的特点与班级的闪光处，我讲述每一个动人的细节，由此来编织一条班级的美好主轴，让学生自发地向这条轴线靠拢，初步形成美好班风的意识形态。

先以2018学年秋季开学第一周为例进行具体阐述。

310班,我刚接手的班级。开学之前,我把班级值日工作、日常收发作业、班级常规管理等班务设置相应的岗位发布在群里,由孩子根据自身特点与能力进行自主选择承担班级事务。孩子选择好之后,再进行微调查,对相关学生进行微调整。开学第一天公布"临时岗位",声明没有具体要求,也没有规定要做到最好,但要想办法做到更好。学生当天便开始执行完成相关任务。

接下来我的主要工作就是带着手机随时观察学生的言行和在临时岗位上的完成情况,每天在谈话课上结合照片讲述"美人美事"。

"雨伞姣",那个雨天的早晨,同学们在教室里早读,姣姣来得比较迟,她进了教室放下书包又出教室门了。原来她是出来主动将教室门口的雨伞整理好并摆放整齐,这一幕着实令人感动。我掏出手机,在不同角度、不同距离拍了三张照片。因为姣姣很专注地在整理,从头到尾没有发现我在拍照。课间,我请孩子们来到走廊看那一排整齐的雨伞。他们发出赞叹声的同时纷纷猜测是谁做的好事。我说暂时保密,可以自己去寻找。中午上谈话课时,孩子们已经知道答案。我大屏幕出示先前拍的三张照片。他们发出惊呼,都自豪地说:我们都找对了!语气中有自豪、有欣喜还有赞叹。我开始讲述"美人姣"整理雨伞的场面……

"黑板依",可以保证每一位任课老师在一尘不染的黑板上写字。谈话课上,大屏幕呈现了我拍的三张照片——依依用黑板擦擦黑板、依依掏出自带的白毛巾抹黑板、依依在工具间轻轻拍黑板擦的粉笔尘。"同学们，依依擦黑板的技术可以算得上教科书级别了。看，她拿起黑板擦从上到下，从右到左有顺序地擦去黑板上的字，舞动的双臂可以和《俗世奇人》里的泥人张相媲美。同学们，再看看吧，依依又将她自己带来的白毛巾又按刚才的顺序把黑板擦了一遍。擦到这里，其实已经令老师相当满意了，可依依又拿起黑板擦和毛巾来到工具间轻拍干净，再把毛巾洗干净晾好。这样的擦黑板'三部曲'依依同学一气呵成，老师在如此清洁的黑板上写字真的是一种享受呢，忍不住把字写得好看一些，再好看一些。不仅如此，同学们有没有觉得依依擦黑板的动作特别好看？再看她的背影，是不是在发光？不过，我觉得这不是擦黑板的最高境界，因为没有最好，只有更好。"

……

诸如此类，不一一枚举。这里要特别点明：我给每个学生拍的照片都是在他们不知情的情况下拍的，但角度是最好看的，拍完之后照片也进行一定的光线调节以及进行了滤镜处理，以达到在大屏幕上呈现时有一定的美感。另外，我给学生讲述的"美人美事"不是随意的口头语，而是写下来反复斟酌修改过的，学生在倾听的过程不仅感受到事件的美好，还能享受到语言的魅力。因为"靓照"的呈现，学生直观形象地感受到"美人"形象，内心自然升腾起向往之意。这时，老师用合适的语气生动地讲述"美事"，就可以激发学生做"美事"的愿望。再加上之前"没有最好，只有更好"的声明，很多孩子在认同之余，挑战突破的思想开始萌发，没有人不想要超越。下一次轮岗到他的时候，也许会有更好的表现。当然，在这个过程中不排除个别有妒忌心理或者想要极力表现自己给老师看的孩子，需要老师关注和及时引导。这就是在班级中"编织"美好主轴的具体策略。除此之外，这也是美育过程中激发学生"创造美"的一种策略。

在我的设想中，班级美好主轴是我精心编织的一根五彩丝带，吸引学生主动靠拢，以美来形成班级凝聚力，这是理想的状态。但在实施过程中，不和谐是肯定存在的。其实，美学的核心是允许"丑"的存在，因为"丑"可以激励人们改变，从而提升"美"的高度。在接手新班级第一个学期开学第一周的重点主要从常规为切入点进行"言行美"的引领，到第二个学期乃至后面的开学第一周，则是一个"思想美"的引领了。我们都知道，对比是一种突出，一种强化。学生出现的一些不和谐的言行也是美育的素材，把其当作班级主轴上的一个个小铃铛，在开学第一周"摇一摇"，既是警示更是提高。

再以2019学年秋季开学第一周为例进行进一步的阐述，这是接手此班级的第二个学年。

一天的同一节谈话课上我播放了两条不同的视频：

公交车上的一幕。我面色凝重地播放了一条我开学第一天在公交车上拍到的视频：几个背着书包的小学生在车厢里嬉戏打闹，还时不时说出一些不文明的话语，他们身上校服的校徽正是我们学校的。突然，司机一个急刹车，一个孩子差点摔倒，另外两个孩子撞到一个大伯的身上。大伯说：你们××学校的学生真是太不文明了，老师是怎么教的？司机接着呵斥：每天这样，有位置不坐，你们再这么闹下去，我要给你们学校反映情况了。

西湖花港观鱼的一幕。春游时，一群三年级学生在离开野餐的草坪前把周围的垃圾捡干净并进行分类投入不同的垃圾桶。一名国外游客竖起了大拇指，景区的环卫工人也连声夸赞：你们××学校的学生真文明！

这两个案例都是发生在我们学校的学生身上，第二条视频被夸赞的学生正是他们自己。我关注到孩子们在看到视频里出现的校服左胸口上的校徽，都有意识地摸了摸。其实每个学生都有集体观念，都懂得在公共场所的一言一行都会给所在的集体带来负面或正面的影响，但在实际行动中并不是每个孩子都能以公共空间意识约束自己的行为，也不是每个孩子都能遵守规则。播完这两条视频后，我没有很多言语，而是让他们自己交流感悟。他们的思想受到了极大冲击，知道在公共场合，言行美不仅是个人的美，也是集体的美，言行不当就会给集体蒙羞。

又一天的谈话课，我呈现了教室门口一天之内不同时间的几张照片：

教室门口的纸片。清晨，一张纸片躺在教室门口，一名背着书包的同学跨过纸片走进教室；课间，这张纸片还是在教室门口，一名同学走出教室，跨过纸片走向厕所；中午教室门口的纸片不见了。我问学生：教室门口的纸片去哪里了？大部分学生异口同声地说：值日生扫了。一个孩子站起来说：纸片是郑老师捡起来扔掉的。他的同桌也站起来说：我也看到郑老师捡纸片了，是老师在上完第四节语文课时走出教室门捡的。

其实，我在观察孩子，但也要有孩子在观察我。我的一个举动就会给孩子带来正面的影响。那张一直没有人捡的纸片就是班级美好主轴上的一个小铃铛，提醒孩子们要关注身边的细节，做一个"美"人。

以师生影响师生，以言行促进言行，以思想提高思想，这是形成班级美好主轴的核心。

《仰望美好》陆泽萱绘

现就读杭州市建兰中学

第四节　开学第一月

关于小时候最美好的记忆莫过于那些有故事的夜晚：在夏天的星空下，外婆摇着蒲扇给我讲故事；冬天温暖的被窝里，外婆一边轻拍着我的背，一边给我讲故事；春末的煤油灯旁，我坐在外婆身旁，看她用麦秸编着蒲扇，听她讲一些我听得懂的家长里短；秋天的夜晚在浓郁的桂花香里，因为有外婆的故事而更加迷人。那些个不在妈妈身边的日子，外婆娓娓道来的故事给我带来无尽的安全感与幸福感。

如果说小时候听外婆讲故事是一种享受，长大后渐渐明白，我对世界最初的看法来源于外婆那些故事，毫不夸张地说，外婆的讲述给我打开了真善美的大门。在父辈或更早的传统家庭教育中，说教似乎很少，而大人们通过一些宗教或者民间故事来教育小孩子为人处世的倒是比较普遍。现在细细想来，那其实是一种感性教育，即"对人的感性方面，如感知、想象、情感直接乃至无意识等进行教育"。年幼时外婆讲故事的场景、语气和内容至今仍深深地印在脑海里，小时候甚至现在某些时刻都会以故事里的标准来衡量或约束自己的言行，而这种衡量与约束是愉悦自主的精神体验。如此看来，从某种程度上说，外婆当时对我进行的就是一种美育。

走上讲台以来，我给学生讲了无数个故事，多年后，已经毕业的学生可能想不起我上过的语文课，但对我讲的故事仍津津乐道。我深知，故事对培养一个美好的孩子有很大的影响和作用。那么，如果让孩子来讲故事，对提升孩子的个人形象乃至建设一个美好班级是否也有积极的影响呢？答案是肯定的。

通过第一次亮相、开学第一课、开学第一周的引领，学生都明白了一个人的美好形象除了优雅得体的穿着打扮，还有文明动人的言行。这些美的信息是老师有意识地输入给学生的，接下来我就要想办法让学生把已有的审美情感输出来。"最美故事会"就是一个很好的输出途径。

开学第二周我就会宣布在本月末班级举行"最美故事会"，这样学生就有近半个月的准备时间。故事的内容可以是身边的"美人美事"，也可以是一些能体现"美人美事"的经典故事。下面结合历年来"最美故事会"其中一次的活动方案来进一步阐述。

遇·见

——2016学年第一学期"最美故事会"活动方案

活动目标：讲述身边和书籍里的"美人美事"，与美相遇，与美同行，塑造个人的懿美形象和班级的美好形象。

活动时间：2016年9月26日

活动地点：511班教室

活动准备：音乐、幻灯片、教室布置

特邀嘉宾：凯爸爸、阳妈妈、超妈妈、程爸爸、彤妈妈

最美故事讲述者：凯、阳、超、程、彤

主持人：雨、俊

摄影拍照：杰、毅

活动过程：

1.特邀嘉宾代表凯爸爸上台致辞宣布"最美故事会"开始。

2.彤讲故事：《第九把梳子》

（故事主要内容：郑老师每次外出培训回来都会给女生带一样特别的礼物——一把梳子。女生们的头发时刻都是整齐的。）

3.凯讲故事：《一排不一样的纽扣》

（故事主要内容：宇的校服总是敞开，原因是掉了几颗纽扣，妈妈又常年出差不在家。琦从家里的辅料店里拿来三颗纽扣，细心地帮忙订好。从此，宇有了一件与众不同的校服，一排不一样的纽扣扣着成了班里时尚的搭配。）

4.阳讲故事：《神奇的花架》

（故事主要内容：花架上本来只有三盆绿萝。有一天多了一盆杜鹃，又有一天多了一盆吊兰……花架上的绿植越来越多，这两天竟然多了两缸金鱼。原来这起神秘事件的策划者是恬。）

5.超讲故事：《"韦编三绝"后》

（故事主要内容：课余时间同学们人人手不释书，图书角里的书破损严重。开学后，婷把那些书陆陆续续修补好了。）

6."大众点评"评选出如下奖项：最美语言奖、最美表演奖、最美人气奖、最美事件奖和最美风采奖。

7.郑老师上台为故事讲述者颁发证书。

8.特邀嘉宾上台为故事里的"美人"颁发相对应的校级雏鹰奖章。

9.郑老师为"最美故事会"作总结。

"最美故事会"一个学期举办一次，这是本届学生第五次举办，基本的活动流程学生了然于胸。这份方案是班长和学习委员一起商量制定完成的，我只是稍作修改和完善。活动的准备和过程也是由宣传委员、文艺委员逐步落实到位。每一届学生的前两次"最美故事会"都是我手把手教他们策划。从第三次活动开始，我就渐渐放手了，但会对他们的环境布置、台上表现做具体细致的指导。

席勒说：美既是一种对象，又是我们人格的一种状态。他认为，认识美、感受美、欣赏美以及创造美更多的是强调个体从理性的角度出发，而忽略了个体的感性理解与体验。开学以来，孩子们在老师的影响和引领下，对个人形象的审美有了一定的意识，而这些意识大部分都是来源于老师的输入。在班级初步形成"美好主轴"基础上，开学第一个月的月末通过设计"最美故事会"的班级活动来引导学生审美意识的主动输出，在理性教育的同时，促使个体在感性和理性方面协调发展，提高学生在审美方面的直觉体验能力和养成对个人形象的审美习惯，以更好地提升个人在集体中的形象。

第二章

谐美礼仪
牵引和谐班级

一个美好班级需要具备"和谐"的美,而对学生进行礼仪教育就是创造和谐之美的具体方法。

何为现代"礼仪"？我是这样认为的，"礼"是由生活中的风俗习惯而形成的且为大家乐于接受并觉得舒适的言行举止，"仪"则是能给人的视觉与精神带来愉悦的外表。学生在开学第一个月层层递进地体验了形象美，从而形成创造形象美的意识，那么接下来我是不是就可以从美育的其他途径来带领学生进行美好班级的建设了呢？不，我继续深入思考，如何让学生的言行和外表更美？如何通过学生美好的礼仪来进一步创设美好班级？

纵观西方美学史，古希腊倡导一种"和谐论"美学，毕达哥拉斯明确地指出，"什么是最美的？——和谐"。《现代汉语词典》对"和谐"词条有两个解释：①配合得适当；②和睦协调。根据这两个义项，我们发现所谓的"和谐"不是一种抽象的"美"，而是一种具体的"美"。古希腊"和谐美"的主要代表人物亚里士多德则将美归结为"整一性"，他认为"整一性"的主要形式是"秩序、匀称和明确"。结合15年的班主任工作经历，我可以明确地告诉您，一个美好班级需要具备"和谐"的美，而对学生进行礼仪教育就是创造和谐之美的具体方法。

第一节　和乐的常规礼仪

"同学们，下课不要乱跑，会撞到同学，班级也会被扣分……"可是屡禁不止；

"同学们，下一节课是公开课，请大家遵守课堂纪律，坐端正，举手发言，给听课老师留下好印象……"可是，任课老师越要求，结果却往往适得其反；

"同学们，排队打饭要有序，吃饭不要讲话，保持安静……"可是当班主任刚离开，教室就开始吵闹起来；

"同学们，进出校门跟值周的老师和同学问好，平时见到老师也要主动问好……"可是并不是每个孩子都能按您的要求做一个有礼貌的孩子。

……

我们每天都有强调不完的常规，可是翻来覆去就是那几项内容，大概是学生记不住吧。于是想各种方法，班级奖惩结合强制学生记住、家校联合学生不犯错、学校大队委员扣分警告，等等。不可否认，这些方法取得了一定的效果。但是，班主任一天不在，班里就乱套了；家长没有督促，孩子又犯错了；大队委员课余时间主要在"找茬"……这一切，我们也许会以"这一届学生不太好带"给教育找借口。那么，教师生涯中，您哪一届学生好带了？

我可以告诉您，我每一届学生都挺好带的。您可以认为我福气好，遇见的都是好学生，我也不否认。不过，我还真有法宝，那就是把学生学习生活中所应遵守的常规设计成相关的礼仪课程，学生在课堂中体验常规礼仪的美，课后乐于表现出常规礼仪之美，久而久之，形成美的习惯，形成校园里的一道风景。

既然是风景，就会有其他班级师生的欣赏。因为有人欣赏，所以不需要我时刻耳提面命地强调，即使我不在班级，班里也是秩序井然。

2019年秋季开学设计的四年级上册常规礼仪课程（见表2-1）。当然，每个学期的礼仪课程项目一般没有变化，但内容会随着学生的认知变化以及社会现象有所更新。

表2-1 2019学年第一学期410班常规礼仪课程（2019.9—2019.12）

常规礼仪	课时	课时目标	课程内容	评价方式	审美体验
行走礼仪	2	1.通过相关视频以及讲解明确不同场合走路的姿势和速度；2.通过创设相应的场景训练并训练有素地形成行走时合适的神态；	1.播放视频：平地正常行走、上下楼梯、遇有急事行走的速度与姿势，师生共同练习，习得方法；2.教师示范：正常行走时保持微笑、眼神平视前方，横	1.教师拍摄训练照片投影，师生共同评选"最美走姿"3名，颁发证书。2.学生互相评价，取长补短；	1.行走时如"和风"的动态美；2.行走时抬头挺胸的气质美；3.行走时目不斜视保持微笑的从容美；

续表

常规礼仪	课时	课时目标	课程内容	评价方式	审美体验
行走礼仪	2	3.懂得横穿马路的礼仪并遵守交通规则	穿马路时看红绿灯，走斑马线不打闹、不嬉笑。学生练习；3.创设相应的场景进行模拟训练	同上	4.横穿马路的规则美
坐站礼仪	2	1.通过播放相关视频明确正确、优美的坐姿和站姿的形态；2.通过教师示范和训练，初步形成在正式场合坐着与站着的得体神态	1.播放视频：保持正确优美的坐姿和站姿，学生观察模仿，习得方法；2.教师示范：正式场合下坐着与站着时刻保持微笑与专注的神态，不窃窃私语，不左顾右盼。学生模仿练习；3.创设场景进行模拟训练	1.教师拍摄训练照片投影，师生共同评选"最美坐姿"与"最美站姿"各3名，颁发证书；2.学生互相评价，取长补短	1.坐着或站着认真倾听的专注美；2.坐着或站着身体挺拔的端庄美；3.站着保持微笑的自信美
表达礼仪	2	1.正确运用礼貌用语、雅语、常用谦辞以及褒奖他人的用语，并形成习惯；2.通过现场模拟掌握课堂表达、师生对话、同学之间交流时所应表现出的得体的仪态和语气；3.通过观察相关照片掌握在特殊场合会用合适优美的手势帮助表达	1.创设场景，模拟交流：使用相关的礼貌用语、雅语、谦辞和褒奖的话语；2.现场模拟：课堂发言与小组交流、课间师生对话与同学之间对话得体的仪态和语气；3.模拟训练：在不同场合与人交流时的常用手势	1.教师拍摄训练照片投影，师生共同评选"最美表达"3名，颁发证书；2.学生互相评价，取长补短	1.真诚交流时的谦和美；2.交流时吐字清晰的语言美；3.与不同的人交流时的仪态美；4.与人交流认真聆听的眼神美；5.不同场合交流时的手势美

续表

常规礼仪	课时	课时目标	课程内容	评价方式	审美体验
就餐礼仪	2	1.明确校内就餐礼仪，并养成习惯； 2.明确在自己家中的就餐礼仪并养成习惯； 3.明确在外做客的就餐礼仪并养成习惯	1.出示校内就餐现象的照片：交流校内就餐应具备的礼仪，并互相补充； 2.播放在家就餐的礼仪的录像，自省交流：哪些做到了，哪些需要改进； 3.教师示范：在外做客的就餐礼仪，包括得体的穿着与言行。学生模拟练习	1.教师拍摄训练照片投影，师生共同评选"最美就餐者"3名，颁发获奖证书； 2.学生互相评价，取长补短	1.校内就餐时的秩序美； 2.在家就餐时的谦让美； 3.在外做客就餐时的和气美
升旗礼仪	2	1.升旗前立正站立，保持挺拔精神的身姿，神态庄严肃穆； 2.升旗时行标准的队礼，唱国歌时声音响亮； 3.升旗仪式结束后退场行走有序，保持安静	1.播放视频：祖国70周年庆典升旗仪式的场面，全体师生起立行注目礼和队礼； 2.交流谈话，激发爱国主义情感； 3.中队委示范：升旗前、升旗时、升旗后的相关礼仪； 4.师生共同训练，互相纠正错误之处	1.教师拍摄训练照片投影，师生共同评选"最美爱国者"3名，颁发获奖证书； 2.学生互相评价，取长补短	升旗仪式时神情的庄严美、内心的归属美和秩序的井然美
乘车礼仪	2	1.明确并遵守乘坐电动自行车和公交车的礼仪； 2.懂得乘坐私家车的礼仪	1.学生交流：乘坐电动自行车和公交车有哪些不当的做法； 2.教师示范：乘坐电动车和公交车的礼仪。如戴头盔、排队上车、主动让座，等等；	1.教师拍摄训练照片投影，师生共同评选"最美乘车者"3名，颁发获奖证书； 2.学生互相评价，取长补短	1.乘坐电动自行车时遵守交通法规的规则美； 2.乘坐公交车时先下后上的礼让美； 3.乘坐私家车时的安全美

续表

常规礼仪	课时	课时目标	课程内容	评价方式	审美体验
乘车礼仪	2	同上	3.播放视频：乘坐私家车的礼仪。如未成年人只能坐后座等； 4.创设场景，学生模拟训练	同上	同上
参观礼仪	2	1.懂得参观博物馆、画展等场所的言行和着装礼仪，并落实到行动中； 2.懂得观看表演、电影等言行和着装礼仪，并落实到行动中去	1.教师示范讲解：参观博物馆、画展等场所的着装礼仪，如穿戴整齐不穿拖鞋等；言行礼仪，如不拍照、不乱摸、不大声喧哗，遵守秩序等； 2.教师示范讲解：观看表演、音乐剧时的着装礼仪；言行礼仪，如不迟到、不拍照，及时鼓掌，有序退场等； 3.创设场景，学生模拟训练	1.教师拍摄训练照片投影，师生共同评选"最美参观者"3名，颁发获奖证书； 2.学生互相评价，取长补短	1.参观时着装整洁的协调美； 2.观看时言行得体的礼节美
交往礼仪	2	1.懂得尊重老师，懂得与同学朋友之间真诚守信的交往原则； 2.记住长辈、好朋友的一些重要日子，适当地赠送礼物；	1.学生交流：如何尊重老师。教师补充； 2.教师讲故事：三人相约各自带酒一起喝，结果都喝到了白开水（梗概）。学生思考真诚交往的重要性；	1.根据课堂以及平时表现，期末师生共同评选"最美的朋友"3名，颁发获奖证书； 2.学生互相评价，取长补短	1.与同学交往的真诚美； 2.与师长交往的尊重美； 3.与普通关系的人交往时的距离美

续表

常规礼仪	课时	课时目标	课程内容	评价方式	审美体验
交往礼仪		3.明确与关系不熟络的人保持一定的距离,不轻信他人,学会保护自己	3.教师讲解:如何选择礼物,以及赠送礼物的意义; 4.教师讲解:与一般关系的人交往的礼仪,如何保护自己等。创设情境,学生模拟训练	同上	同上
讲解礼仪	4	1.明确讲解校园以及班级文化时的走姿、手势、语气、神态和专业语言,并训练有素; 2.懂得讲解前与参观校园的嘉宾的得体交流和整洁端庄的穿着打扮	1.播放相关视频:观看专业讲解员的讲解; 2.教师示范讲解:校园民族文化,学生模仿训练; 3.创设场景,学生示范讲解班级文化; 4.创设场景,学生示范讲解校园书香文化	1.根据模拟以及现实讲解时的表现,评选"最美讲解员"3名,颁发获奖证书; 2.学生互相评价,取长补短	1.讲解时的自信美; 2.讲解时的专业美; 3.讲解时的从容美
引导礼仪	4	1.懂得引导时的标准仪态,并训练有素; 2.知晓引导时简洁明了的表达,并训练有素	1.教师示范讲解:为参观校园的嘉宾引导时的标准仪态,包括处在不同位置时的手势、行姿,时刻保持微笑的神态以及引导语言; 2.学生熟记并训练。创设不同的场景,学生模拟训练	1.根据模拟以及现实引导时的表现,评选"最美引导员"3名,颁发获奖证书; 2.学生互相评价,取长补短	1.引导时的自信美; 2.引导时的专业美; 3.引导时的仪态美

孔子云:知之者不如好之者,好之者不如乐之者。我们的礼仪课程是创造性地运用美育的核心思想——以乐施教来设计的,即诱发学生在

课程中的审美能力,引领学生主动地、创造性地体验礼仪之美,而不是单纯地说教与灌输,更没有简单地说服学生该怎么做。

这里有三点值得特别说明:一是我们的礼仪课程在实施过程中,老师不仅仅是一个引领者,更多的时候是和学生一样,是一名参与者。和学生一起做,一起体验礼仪的美。孔子又云:兴于诗,立于礼,成于乐。在向师性很强的小学阶段,教师和学生一起学习,一起养成时时刻刻保持美好礼仪的习惯,学生自然乐于做一个有礼有仪的"美人"。二是礼仪课安排在周五下午,一次有两个课时,根据学期长短和教务处安排,一个学期大概有14次及以上的课程。这样的安排,我们的礼仪课程贯穿学期始终,师生互相影响,学生彼此为鉴。如果每一个个体都是有礼有仪的,那么整个集体也是有礼有序的。三是由于我在班级里开设了礼仪课程,故学校在接待嘉宾前来参观校园时,便会请我们班专门的讲解员和引导员负责接待引导嘉宾参观校园并讲解校园的文化与办学理念等。这样的平台,是学生礼仪"成于乐"的最高褒奖。

《跟老师学礼仪》梁梓萱绘

现就读于杭州天成教育集团初中部

第二节 和谐的人际关系

马克思说：人的本质不是单个人所固有的抽象物。在其现实性上，它是一切社会关系的总和。我们人一出生，就处在一个关系网中，随着自身的成长，"关系网"越来越广泛。而人是一个全面的人，有自己的感受、思维、意愿和活动……正如马克思在《马克思恩格斯论艺术》中具体写道：作为完全的人，占有着自己全面的本质……他个性的一切器官，就像那些在形式上作为器官而直接存在的器官一样，在自己的对象关系上，或者在自己跟对象的关系上，是对于对象的占有，是对于人的现实性的占有。在全面推广实行素质教育过程中，我们需要培养自由的、有创造力的、全面发展的人。那么如何在发展培养学生的个性的同时，又能构建一个和谐的班级人际关系网呢？其实，这就是如何融入与融合的问题。如果班级里的每个学生对自己所在的集体有着强烈的归属感与责任感，那么这个班级的人际关系就可以呈现出既是"百花齐放各争春"又是"相得甚欢齐并进"的融洽景象，班级凝聚力自然而然就产生了，班级的人际关系网自然就更和谐牢固了。

贯穿整个学期的常规礼仪教育，班级每个个体由此经历了美的体验。学生由内而外自发产生了美好的意愿，从言行中表现出美好的一面。"懂得礼仪，言行有礼"是班级的标签，每个学生以此为荣，这样的标签让他们有着深深的归属感，他们不愿意其中一个人破坏"礼仪班级"的名声，他们每个人都从言行上捍卫"礼仪班级"的声誉，这是他们自发的责任感。他们个性不一，他们能力有高低，但他们之间不嫉妒、不排斥、不落单。他们用自己特有的方式打造一张共有的名片——礼仪班级。班级每天都会发生一些插曲，而这些可爱的孩子们则会想办法把其中的一些不和谐的音符修改成动人的旋律。

　　一天早上，负责本楼层的执勤队员走进教室，全班同学瞬间安静下来，齐刷刷地盯着他，他被眼前的气氛惊住了，继而快速放下扣分单想要离开，我柔和地对他说了一句：谢谢你。他松了一口气走出了教室。我深知此时的执勤队员内心是复杂而忐忑的。我的一句"谢谢你"既是一种礼仪，更多的是把一种信息传达给班里的学生：不要因为扣分的事实而激化与其他班级同学的矛盾。我曾经也跟我的学生说过：我希望我的学生，我班里的执勤队员能受到别的班的老师和同学的礼遇。所以，有时候老师的一个小小的有意识的举动，就会改善班级学生之间的人际关系。

　　我又轻轻地把单子给班长，班长读了扣分的原因：放学后多媒体电源未关闭。全班同学皆叹了一口气。我慢慢地走到孩子们的位置中间，还是没有说话。我绝对信任经过礼仪教育的他们一定会处理好扣分这件事。我这个时候无论是训斥还是说教，都不合适，保持沉默是最好的处理方式。因为我一旦开口说话，矛头就会指向相关负责人，接着其他同学也会把矛头指向同一个人。这样，师生之间、学生之间的矛盾便产生了，内部有了矛盾又怎么能解决问题呢？只有内部关系和谐，才能更好地解决问题啊。

  沉默了一会儿后，电教管理员站起来了，此时我已经走到教室的后面了，和所有学生一样面对黑板。电教管理员见我不在讲台旁，就走上讲台，面对着大家。以我们全班同学的素养，没有一个人会背对着老师说话的。他说："对不起，昨天下午我请假去医院看牙齿了，我忘记把任务转交给值日组长了，是我的错。我愿意写400字的反思告诫自己下次不要忘记。"然后深深鞠了一躬，走回位置了。这时，班里没有人会指责他了，因为他那些话不是对我个人说的，他是向全班同学承认了错误，主动要求惩罚。读到这里，您不难发现，我什么要走到教室的后面去了，我可不想让犯错误的人只面对我承担责任，他要承担的是班级的责任，他应该向集体承认错误，而不是我。

  此时的我还是没有说话，也没有走上讲台。因为我相信，以我们班的素养，还会有孩子站起来承认错误。果然，值日组长站起来了，扭头看看我还站在教室后面，就又走上讲台面对大家，开始说话："我也有责任，我身为值日组长，最后离开竟然没有发现多媒体的电源没有关。我也愿意写400字的反思。"说完，又深深地鞠了一躬下去了。已经有两个学生站起来承担责任了，班级里关于扣分事件的矛头基本不会有指向性了。但我还是在等待，因为刚刚两个同学只是承担了责任，我需要集体的力量来解决此次扣分事件，我需要通过解决的过程来让学生之间的关系更加密切，形成更富有凝聚力的集体。而且，我相信他们可以呈现出我想要的结果。

又过了一会儿，班里没有动静，大家都坐着不动，除了两个承认错误的同学在写反思。我把目光投向他们俩人。后排的同学见我看向他们，也把目光投向他们，这其中有班里的宣传委员。突然，他站起来了，走上讲台说："郑老师，同学们，我有一个办法可以避免此类事情发生。"大伙儿充满期待地望着他。他继续说道："大家列一张可以避免扣分的清单，交给我，我设计一张海报贴在中队角里。时时刻刻提醒大家。"顿时班级里掌声雷动。大家纷纷拿出纸笔写起来。两三分钟后，大家把写好的清单交给宣传委员。我也走上讲台，用粉笔工工整整地写下一条建议——

请各个岗位的管理人员都写张便条贴在抽屉边上，内容是：_____，勿忘！

学生又纷纷拿起便条，开始写起来。这个过程又是一个创造美、互相帮助的过程：能力强的学生便条上的内容不仅清晰工整，还有图案的设计，贴得也是工工整整；能力相对弱的学生就学着做，或者请求帮忙。班里一片融洽和谐的氛围，丝毫没有之前收到扣分单时的压抑。

中午，宣传委员把设计好的海报贴在中队角。大家都在一边看，一边告诫自己和身边的同学：千万不要给班级扣分。

在班级发生所谓重大事件的时候，作为班主任千万要记住两条：一是保持作为一名老师应有的礼仪：不发火、不责怪；二是不要和学生对立起来，走下讲台，成为他们之间的一员，给他们时间齐心协力想办法解决问题，要相信他们是自由的、完全的人。这样一来，在共同解决问题的过程中成就和谐的师生关系、生生关系，在和谐的班级关系中更好地解决问题和建设班级，二者相辅相成。当然，这一切需要平时的礼仪教育为基石。

  诸如此类的案例有很多，几乎每天都有发生。例如，一次，图书管理员来汇报前一天收上来的图书放在柜子里，准备这一天上午去还的，结果发现少了一本，班里同学问过了，都说没有拿。我就让图书管理员把遗失的图书名告诉我，我网上订了一本赔给了学校图书馆。图书管理员大受感动，去班级里宣传这件事。从此，班里再也没有遗失过图书，管理员工作更细致了，同时更受同学们的欢迎。之后图书管理员又把老师赔书的事告诉了家长，家长很感动，买了一套书赠送给班级。其他家长觉得班级的孩子爱看书是好事情，也纷纷捐书本给班级，最后，班里一个做室内装修的家长还利用业余时间给孩子们做了一个漂亮的大书架。有些时候，班主任要善于把不好的事情变成美好的事情，不要抓住一点鸡毛蒜皮的事情大搞文章，其实没有意义。当时我就在想，就算那本书是班里的孩子拿的，但他拿的是书，一个拿书的孩子不会犯什么大错。说不定哪天就把书还回来了，只是当时被管理员发现不好意思还，事实也是如此，后来的某一天，我的办公桌上躺着那本遗失的图书，我也没有去追查是谁放的。如果当时我只是抓住"丢书"的现象大张旗鼓去调查，得到的效果只能是适得其反，更不可能形成后面师生之间、学生之间以及家校之间这种和谐的关系了。

又如，一天放学后一位值日组长的爸爸给我发了一条视频，视频的内容是：校门口的几位值日生家长在抱怨值日时间太长。这位爸爸听了很不舒服，说要代替女儿辞去值日组长的工作。我当时是这样回复的：您好！这是我的失职，没有把孩子指导好，导致值日时间延长。明天班会课我会指导孩子怎么值日，怎么管理好本组的值日同学。请相信您的女儿一定能做好值日组长的工作，让您和女儿受委屈了，抱歉。第二天班会课，我提出了"20分钟值日黄金法则"，当然，我只是出了一个题目，"法则"的具体内容由孩子们自己去填。半节课下来，我们梳理了10条合理可行的建议。剩下的20分钟就请当天的值日小组开始实践。最后的结果是19分钟内完成了所有的值日工作。所有的同学击掌庆祝。这一节班会课我分段录像，并发送到班级群里，让他们为孩子解决问题的能力鼓掌。那一天班级群里特别热闹，孩子们的表现得到所有家长的肯定。晚上有几个家长私下和我"检讨"，不该在校门口抱怨，保证下次不会了。其实我根本不知道哪个家长在校门口抱怨。当然，我第一时间表示理解。接下来的一周放学后，每天放学后我都在教室里计时，每天的值日工作都控制在20分钟内。而轮到值日的学生会在当天早上告知家长，让他们迟20分钟来接。

写下这个案例我是想告诉大家，遇到家长的抱怨甚至责问，作为班主任首先要站在家长的角度思考，然后和学生一起解决难题，而不是站在家长的对立面甚至在学生面前说家长的不是。我们要牢牢记住，要在学生面前维护家长的形象，要利用学生的力量去解决家长的问题，因为他们是血浓于水的亲情关系，那是世界上最强大的力量。用世界上最强大的力量去构建家校关系，一定可以把家校关系梳理得非常和谐。

师生之间关系融洽，教师和家长之间也是平等对话的关系，学生之间互相影响，学生带动家长形成良好的言行举止，家长更加尊师重道，班级逐步形成一个和谐的教育场。这就是我在礼仪教育的基础上实践"各美其美，美美与共"的人际关系理念。

《携手共进》王碧凯绘

现就读于杭州市源清中学

第三章

略美日记
凝聚教育能量

因为孩子们日复一日的"略美日记",班级逐渐形成一个美好的教育场,从而发挥个体之间的影响和带动作用。

费尔巴哈说：如果你对音乐没有欣赏力、没有感情，那么你听到最美的音乐，也只是像听到耳边吹过的风，或者脚下流过的水一样。这里的"欣赏力"和"感情"，说的就是对艺术的审美能力。根据现代美育的观点，审美能力其实就是以情感体验和表现为核心的能力结构。通过美好班级建设过程中的形象和礼仪的审美体验与个体实践，我的学生内心已经萌发了源自班级的那些美的种子，他们需要创造和表现出自己的审美意识。那么，"略美日记"便是培养学生对班级形象的审美能力的一条很好的途径。

"略美日记"源于我学期期末呈现给学生和家长的评语。我给学生的期末评语不是总结性的语言，而是对学生本学期一些闪光点的集结，我取了一个名字——你们在闪耀。每当学生的言行令我眼前一亮时，我就会第一时间记录下来，一个学期下来，每个学生基本会有3~4则记录，到了期末张贴在成绩报告单上，孩子和家长看到都心生喜悦。渐渐的，我发现孩子们交上来的日记也有了"闪耀"的光芒，于是，我抓住这些光亮，就有了"略美日记"。因为孩子们日复一日的"略美日记"，班级逐渐形成一个美好的教育场。

第一节　齐写略美日记

学生在写日记的时候为什么会不由自主地写一些自己看到的美好事物呢？因为在他们的学习生活中处处都有美好的事物，每天都有一些美好的事情发生，而他们又具备了审美的意识，领略到了事物的美好。当我们的内心充满着美好事物和情感的时候，我们就会情不自禁地表达出来，类似于"情不知所起，一往而深"（汤显祖《牡丹亭》）。因此，表达的冲动是学生创作"略美"日记的内在动力。学生在书写日记的过程中也是审美情感的释放和升华。

我想每个学生和每个语文老师都为日记而苦恼过。学生为找不到素材而苦思冥想，绞尽脑汁写出来的日记却被老师评为"流水账"，事实也是如此。语文老师常常面对案上的一叠日记郁闷不已。其实状况一如一些班主任在期末写评语一般：费尽心思终于写完了全班同学的评语，可看过去似乎都是泛泛而谈，发下去学生似乎也是兴趣寥寥。于是，这些班主任把写评语当作一项常规任务完成，如同一些学生把写日记当成一项最无聊的作业在写。

我记得是2014学年伊始，我新接了当时的311班。第一学期开始，我及时积累学生在某天某个时刻的闪光点，等到期末的时候再来梳理一遍就成为学生的期末评语。当我把这些期末评语发下去的时候，我看到了孩子们认真阅读的眼神和脸上喜悦的笑容。当学生把评语带回家给父母看的时候，我的朋友圈被家长发的孩子的评语刷屏了，甚至收到了很多来自家长发自肺腑的感谢短信。因为这些闪耀着光芒的期末评语，我和学生还有家长都感受到了不同程度的快乐和幸福，每个人的心里都充斥着表达的欲望——我每每看到学生的闪光点就忍不住写下来，学生看到老师写给自己的评语忍不住第一时间告诉家长，家长看到孩子的评语忍不住发到朋友圈里，朋友圈的亲朋好友看到了又忍不住点赞和点评……于是，充满美好的表达与创作洋溢在我们身边。

等到2018年夏季那些学生小学毕业时，我给他们至少累积了24则"闪耀评语"。当时我梳理成篇送给每个孩子，我至今还记得他们眼里闪光的动人模样。对于他们来说，这应该是一份珍贵而美好的礼物吧。

我也记得应该是2014学年第二学期开始，我陆续批到了几篇令人眼前一亮的日记，除了不是第二人称的表述，其内容与我评语的"闪耀体"很相似。当时我在班里大声朗读了这些日记，很多孩子纷纷效仿，老生常谈的"流水账"日记渐渐少了。于是，我根据学生的实际心理特点和写作能力，和孩子们共同设计了此类日记的书写范围、展示形式和投稿平台。"略美日记"由此诞生了。各年级的内容如表3-1所示。

表3-1 "略美日记"

年级	分级内容		
	书写范围	展示形式	投稿平台
三年级	班级：有趣的人物、有趣的事件、有趣的课堂；家庭：有趣的场景	每日一读（谈话课）每日一发（班级群）	班级微信公众号、校级报刊《蒲公英》《浙江省小作家报》，都市快报《爱写作的狮子》，青年时报《牛通社》《浙江微新闻社》，等等
四年级	班级：精彩的人物、精彩的事件、精彩的课堂；家庭：精彩的活动	每周一贴（展板）每周一发（朋友圈）	
五年级	校园：有能力的人物、有意义的事件、有意义的比赛；社会：和谐互助的邻里关系	每月一贴（黑板报）每期一展（中队角）	
六年级	校园：身边的榜样人物、身边的感人事件、近期的心灵感触；社会：身边的感人见闻	每季一讲（班会演讲）	

"略美日记"的目的是领略身边的美好，表达身边的美好，以此来培养学生对班级的审美能力，激发学生对美好班级的情感与建设。不可否认，让学生书写日记一部分原因是为了提高学生观察和写作的能力，这是语文的工具性体现。但更多的是想通过写日记，让学生不仅能够领略到班级乃至校园、家庭和社会中那种抽象的人文美，还能通过思考和文字创造人文美，并在班级里流传开来，形成积极的影响力。

美育的特征之一就是强调个体的审美过程，需要个体积极主动地投入，任何由外输入给个体的说教都不能很好地激发其审美意识与审美能力的发展。故"略美日记"不需要每天写，学生只需要保证一周上交一篇日记即可。他们觉得哪天有值得记录的人或事就记录下来，通过自己修改后交给老师批阅，然后再次对文字进行修改，就有机会进行展示或者推荐投稿。

当然，给予学生一定的日记范围是非常必要的，否则，学生写出来的内容则会显得空洞无意义。给予范围其实就是帮助他们去寻找和领略身边的美。故根据学生的心理发展特点，不同的年级设计了不同的书写范围。三四年级的孩子比较容易关注一些充满趣味的人物和事件，他们的审美选择带有"趣味"的倾向，更容易捕捉到一些精彩的瞬间。而且，这个年龄段的学生对身边的环境具有很强的依赖性，所以，他们的关注点更多的是班级和家庭。所以，三四年级的学生书写日记的范围我更多的是从班级和家庭的人和事进行引导，以"有趣"和"精彩"为他们审美感觉和知觉的支撑点，这是符合这个年龄段孩子的审美特点的。这两个年级交上来的日记往往都很有意思，体现了他们的童真童趣。例如，有孩子在日记里写到郑老师，她一开始没有直接写郑老师的形象与言行，而是从看到的一株花来写：

今天我发现我们班的班花茉莉一下子开了好几朵，它们就像郑老师一样美、一样香……（摘自310班，娜，2018年10月12日的日记）

这就是孩子所表现出来的真、善、美。花是班级里大家都很熟悉的花，人是班级里最亲近的老师，她爱花，她爱郑老师，她就这样自然而然地把二者联系起来，摆脱了世俗的描写，即所谓的"老师像花一样美"，这难道不是种美的创造吗？毫不夸张地说，她的创造，可以和苏轼相媲美——"欲把西湖比西子"。苏轼把西湖比作西施，而张娜同学把茉莉花比作郑老师，二者具有异曲同工之妙。

另外，三四年级的学生的好奇心也是非常重的，而且他们的主观性很强，爱憎分明。故班级和家庭里发生的一些精彩的事件和场景是非常容易引起他们的注意的。他们的日记里呈现的事件往往都是"动静"非常大的。例如，关于课堂的日记类似于音乐课、美术课和体育课出现的频率是很高的。一个学生在写一堂精彩的音乐课，有一段是这样写的：

王老师说我们都是妈妈的宝贝，所以这首《妈妈宝贝》要深情地唱。女生先跟着伴奏唱，唱着唱着她们就哭了。轮到男生唱了，可老师说我们感情还没有表现出来。小志说：我们也是爸爸的宝贝。王老师就让他们把"妈妈"换成"爸爸"来唱。第二遍男生一边唱一边笑，到了第三遍男生就不笑了……（摘自410班，辉，2019年11月6日的日记）

一个学生写一插班生在体育课上的精彩表现，这段朴素的描写也是令我深有感触的：

"嘘——"，哨声响起，一分钟结束了。我帮小星数的跳绳个数，他居然跳了88个！虽然还是没有跳到100个，虽然在下周的跳绳比赛会拖我们班的后腿，但是他已经很了不起了，开学的时候他甩绳都甩不好，现在都能跳多个80多个了！我希望老师和同学能多鼓励他，他一定会越跳越好的……（摘自410班，雨，2019年10月14日的日记）

这两则日记不难看出这个年龄段孩子的真挚情感。他们在老师面前没有任何掩饰，谁说"真"不是一种美呢？坚持让孩子说真话，表达真情实感，就可以培养出正直勇敢的人。

随着学生年龄的增长，其自我意识也在逐步增强，社会性也在发展。看待事物的视角逐渐变得广泛起来，思考问题逐渐深入，逐步具备个性化思想。故五六年级的日记书写范围从班级圈和家庭圈跳出来，引导学生关注校园和社会的人和事，切入点也提升到"意义"和"榜样"的高度。同时，学生能站在比班级更高的位置来领略美、创造美，那么对美好班级的建设与发展也是非常有利的。

一学生写房东奶奶对他流感在家隔离时的照顾，有着别样的思考：

中午，房东奶奶又给我端了一碗粥来，我戴口罩跟奶奶说："谢谢奶奶，奶奶您回去吧，免得我传染给您。"她说不打紧，又对我嘱咐了几句，才慢慢离开。看着房东奶奶独自一人坐在大门口盯着大黄狗看，我觉得她好孤独，想起了在老家的奶奶。等我流感好了，我一定要抽空陪陪这位善良的房东奶奶聊天……（摘自511班，宇，2017年1月10日的日记）

经常看到"享受孤独"这样的字眼，细细想来，在现实生活中无论是大人还是小孩，确实应该具备这种静心的能力。这位学生在流感期间独自一个人在家里，日记里不曾出现有气无力的"呻吟"，不仅感受到了房东奶奶的关爱，还体会到她的孤独，想起在老家的奶奶。在这样的描写中，我们不难感受到这对"忘年交"在安静的岁月里流淌的情谊美。如果没有"略美日记"的创造，我们的很多孩子可能就会忽略邻里之间的这种和谐美。

一男生在周末爬山时偶遇一个小朋友在捡塑料瓶，写下一篇日记，体现了他的社会责任感：

正当我气喘吁吁想要放弃往上爬时，我看到一个小男孩在捡垃圾桶边上的塑料瓶，再吃力地扔进垃圾桶。他的妈妈跟他说："宝贝加油爬，把垃圾都捡干净，山上就更好看了。"我们上山是我为了看风景的，而这位妈妈让孩子努力爬上山是为了让风景更美。想到这里，我快步追上小男孩，和他一起为了风景更美而努力往上爬……（摘自611班，阜，2011年11月4日的日记）

一个懂得领略的孩子，他善于从生活的一些细节之处汲取正能量，激发自己对个人、对集体、对社会的责任感。这便是"略美日记"的力量。

一年又一年，我见证着孩子的成长。我在日常的陪伴和相处中看到他们越长越高，我更从"略美日记"体会到了他们思想上的成熟。如果说我通过日记给他们搭建了一个提高自己审美能力的平台，那么在这个平台上，我则是享受到了来自个人、集体、家庭乃至社会的美好。然"独乐乐，与人乐乐，孰乐"？答曰"不若与乐。"故，我又和学生们一起商量设计了"略美日记"的展示形式和投稿平台，让更多的人来肯定学生的日记，也让更多的人领会来自身边的美，创造出学习生活中的细节美。

三年级时，"略美日记"刚起步，需要不断地激发学生的积极性，故设计了在谈话课"每日一读"和在班级群里"每日一发"的展示形式，每天在谈话课中读当天交上来的日记，大家挑选一篇最好的发到班级群里。孩子们很喜欢这样直接且频繁的精神刺激，他们不断地观察，整个身心都融入到班级和家庭日常中，日记的素材越来越多，日记也越写越长。到了四年级，"略美日记"已形成了常规，孩子的审美能力得到一定的提升，则不需要每天进行点评和表扬，而且学生有了一定的设计板报能力。于是展示形式改为"每周一贴"和"每周一发"。每周五八位组长将本周的日记进行挑选，挑选出八篇打印成稿，张贴在班级门口的展示台上。我再拍成照片发布在我的朋友圈里。五年级时，则利用黑板报和中队角来展示日记，时间也改为每月一次。这样既展示了日记，日记也成为布置黑板报和中队角的素材。位置和形式的更换往往会给学生带来新鲜感，从而更好地刺激学生的日记创作。故到了六年级展示的形式更改为演讲的形式，利用班会课每个季度一讲，参加演讲的同学可以讲自己的日记内容，也可以讲同学的日记作品。

关于投稿的平台（如表3-1所示），值得一提的是，所有的"略美日记"均不是以投稿为目的，那就失去了写日记原本的初衷和意义了。老师提供平台，家长也可以提供平台，一切以自愿为主。如果某位同学发表日记了，我们会为此感到高兴和自豪。但我们每个孩子都把写日记当成自己最想做的事儿，一件可以给别人和自己带来美好享受的事儿。

第二节 共建美好教育场

"场"最早被用于物理学,被认为是物质存在的一种方式,具有能量、动量和质量,能传递实物间的相互作用,如电场、磁场、引力场等。由此现代的诸多教育研究者提出了"教育场"的概念。相关研究者进而对学校"教育场"进行了界定:教育者和受教育者在一定的时间和空间内,通过各种教育媒介和教育活动,进行相互作用和影响,达到信息能量的转化、增生的综合条件。教育场有四个特点:一是整体性,即教育场是靠合力产生作用的;二是动力性,即教育场中诸因素之间相互需要、依存和影响;三是动态性,即教育场永远处于从平衡到不平衡再到平衡的不断循环上升的过程;四是开放性,即学校教育场积极地与外部发生信息、能量的交换,产生新的活力。

根据学校教育场的概念与特征,我们不难发现,在一定教育场场里的教育者与受教育者的关系开始灵动起来,双方不再是施教与受教的狭隘关系,而是思维互动的过程,二者可以互相影响,合力生成再投射到更深更广的教育层面。如此看来,我认为学校教育场的构建不是单方面的行为,而是师生合作、家校合力。教师把握着教育场前进上升的方向,虽是设计者、引导者,更是学习者与促成者;学生既在教育场中学习，也在其中创造着无限的能量，他们才是教育场的核心；家长不再是一个观望者，他们可以加入，成为教育场的能量转化者。如果我们能够构建一个真正意义上的教育场，那教育的过程一定是充满了欢喜与力量，所谓的师生矛盾、科任矛盾和家校矛盾都可以解决。当然，教育场是有生命的，不是有一间教室，有老师与学生就可以天然成型的，她需要构建与创造。对于承担着引导与设计重任的班主任来说，如何设计，如何与学生、科任教师以及家长一起构建一个美好的教育场不是一蹴而就的事情，这是一个且行且思的长期过程。

这里的"美好教育场"并不是说我班的教育教学以及家校沟通都处在理想的状态。如果一个班级没有矛盾，那么这个班级就没有前进的力量。我可以说我没有遇见过一个没有矛盾的班级，就算有，这也不是一个健康积极的班级。在我的理念里，美好没有终点，是一种追求，矛盾也不会消失，是奔向美好的力量。那么，我们就从审美角度出发，通过"略美日记"来创造一个美的教育境界，吸纳多方的力量，共同构建美好教育场。

在班级教育场形成之前，开学第一周我在班级牵引了一条关于发现美好创造美好的学习生活主轴线，学生作为班级的核心，他们的言行举止很快向主轴靠拢，形成班级的"磁铁"，他们互相吸附和影响着，能量越来越大，吸引着班级的科任老师与家长也渐渐向主轴线靠拢。渐渐的，老师的教育教学不再局限于班级这个场所，家长也不再只关注孩子的分数，师生之间、家校之间有了很多生成的东西。例如，英语老师会跟我交流学生的课堂礼仪，音乐老师会表扬学生的情感表达非常强烈，等等，所有的任课老师都带着愉悦的心情来到班级上课。又如，很多家长非常乐意承担班级事务，和孩子一起把班级当作自己的家。还有，我若是外出教研，学生就会站在走廊上挥手告别，问我什么时候可以回来……就这样，我们的教育场形成了。不过，教育场不等同于班级凝聚力，它的能量大到无法估摸。"场"里的每个人都是互相影响，无论是主动设防还是主动投入的人都可以受到"场"的辐射。以下具体阐述美好教育场的共建过程。

以老师照亮学生。作为班主任，我认为教育场最大的功能是协调科任老师和学生的关系，引导学生爱老师、爱学习。

曾经我在微信朋友圈进行了一个关于"小学3~6年级学生学习情况调查"，从学生作业、上课等方面一共设计了五道单项选择题，三道主观填空题。一个小时之内收到了来自各地53名孩子的问卷，情况如下——

作业方面：有67.92%的学生有过不想做作业的情况，但都努力完成了；有13.21%的学生有不做作业的情况；只有18.87%的学生从来没有不想做作业的情况。

不想做作业的原因都比较类似，一是因为作业太多，写了很长时间还是没有写完；二是因为有些作业是机械没有意义的；三是有些作业比较难，不会做，做错了被老师批评；四是想玩游戏，写作业太无聊。

课堂方面：有37.74%的学生有过不想听课的情况，但都努力去听讲了；有9.43%的学生经常上课走神；有52.83%的学生上课保持专注状态。无法保持专注听课的原因也比较类似，一是有的课上起来很无聊，不喜欢听；二是有些已经懂了，不想再听了；三是老师牵扯太多，只想听重点；四是被相关老师批评过，不想上他的课；五是听不懂，于是不想听了。

上学方面：有32.08%的学生有过不想去学校的念头，但还是去上学了；有3.77%的学生确实有过不想上学不去学校的情况；有64.15%的学生从来没有不想上学的情况。不想上学的理由比较简单，一是不想上某节课，有个孩子直接写了"厌学"；二是和同学闹矛盾不想来学校。

由此可见，学生或多或少都对学习有过厌倦的情绪，大部分体现在作业方面。造成学生对学习产生厌倦情绪的主要原因来自老师对作业的设计和课堂上讲解的内容，而不是我们通常认为的学生本身。因此，当学生对学习产生厌倦情绪时，一些传统的教育方法效果甚微。

诸如苦口婆心劝其珍惜学习机会，老师和家长都很辛苦等，可学生不想做作业、不想听课跟老师家长是否辛苦根本没有关系，故没用。又如老师告知家长，家长再简单粗暴地责打一顿，有可能短时间会有一定的震慑作用，可过个几天，厌倦情绪又上来了。

此次问卷的最后两道题，我设置了假设型的单项选择题，结果如图3-1所示。这样的结果有没有让您联想到当孩子还是婴儿的时候，通过用嘴尝和用手摸来探索身边未知的一切，无论大人如何阻止，孩子都没有停止自己的嘴和手。由此可见，未知和兴趣是孩子探索知识和世界的最大动力。

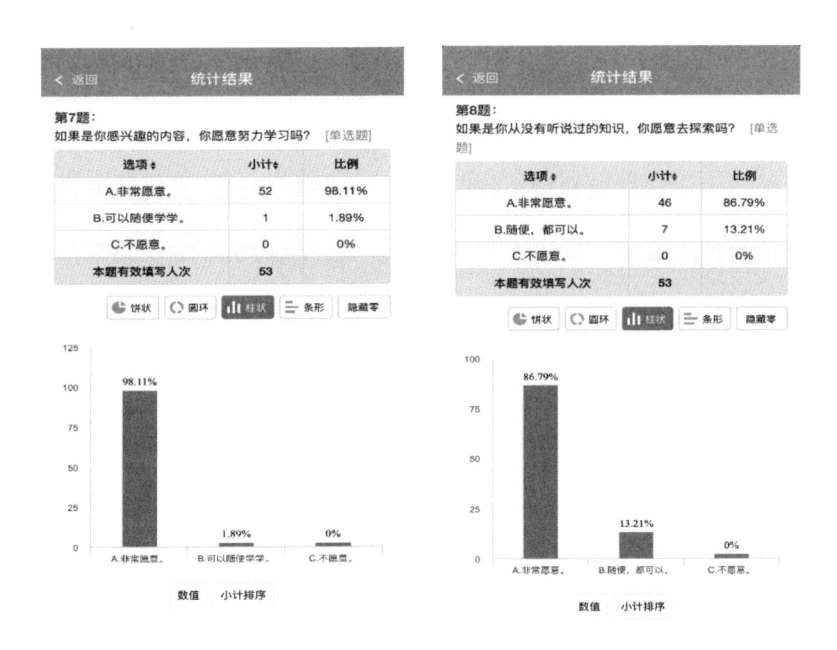

图3-1 问卷调查

综上所述，一个美好教育场的构建首先要照亮每个学生，让其乐学、好学，那么，谁来照亮？当然是老师。又如何照亮？老师提升个人的魅力和优化自己的课堂与作业设计。先来谈一谈提升个人魅力与加强学生的向师性。之前提到"开学第一天"的做法可以提升我个人的形象魅力，"谐美礼仪"等可以提升我个人的言行魅力。其他科任老师的做法各有千秋，我不一一例举。我具体讲一讲如何引导学生去喜欢自己的科任老师。首先，每一个科任老师在新学期进课堂之前我都会对他们最近的一些成就进行具体生动的介绍。如果是新来的科任老师，则会具体全面地介绍。其次，每个学期的家长会上，我会专门和家长隆重介绍每位科任老师的闪光点以及对孩子们的帮助。课件上会呈现老师们上课和课后辅导学生的照片。我相信家长一定会把自己了解到的信息再次告诉孩子。最后，平时课间跟学生聊天的时候，我会有意识地告诉科任老师了不起的地方。例如，我的电脑坏了，我会跟学生说信息老师帮了我的大忙，不然电脑里的资料都丢失了，看来信息技术真是一项了不起的本领。这三点做法有刻意而为，也有不经意的流露，对提升科任老师在学生心目中的形象起到了很好的作用。只有学生愿意靠近老师，内心对老师充满欢喜，老师才有机会点亮学生啊。很多时候，老师并不能直接改变学生的想法和状况，但是老师的个人魅力却可以给学生带来积极的影响，间接地改变孩子的现状甚至一生。这都是因为每个人都有向美而生的愿望。

　　接下来结合我的语文科目讲述如何优化课堂和作业设计来避免或缓解学生的厌学情绪。第一，全面关注每一个学生，实时活跃课堂气氛。在课堂上尽量设计一些难易结合的问题，让每个学生都有机会回答问题，积极参与到课堂中来。如果某节课难度比较大或者内容比较沉闷，我会用肢体语言引导学生喊一喊口号，鼓励其积极思考。第二，及时用优美的语言评价学生的课堂表现。对于一些课堂表现突出的学生，引导全班同学对他进行肯定，方式可以是热烈的掌声，也可以写进"略美日记"，等等。第三，关于优化作业设计的问题。机械抄写类的作业不多，例如，学生若可以保证第二天听写过关，当天就可以不用抄写词语。又如，"略美日记"这项作业，没有字数规定，把日记的人物和事件写清楚写美就可以了。同时，我结合当天的课表，合理布置作业的量，且在上午语文课上完就布置，这样学生可以合理利用校内时间。第四，及时有针对性地评价作业。每天都抽出一个专门的时间用来面对面评价学生各科作业。通过科任老师推荐，将优秀作业进行投影，当天评选出各科的优秀作业，有优秀奖、特色奖、进步奖等。开放的形成性评价的价值就很好地体现出来了，极大地推动了学生做作业的积极性和提高了学生完成作业的质量。

每一位科任老师都能照亮学生，便可强化学生的乐学心理，如此就能逐步形成美乐教育场。

以学生唤醒学生，以学生带动家长。美好教育场中学生以什么唤醒同学？又以什么带动家长？答案是略美日记。学生唤醒学生什么？又可以带动家长什么呢？平时我会通过微信朋友圈、微博等平台以及学生日常表现时刻关注家长动态，及时了解和聆听，以给予其家庭教育上的指导和帮助。当他们懂得更多的教育规律和理念时，就会放下身段听自己孩子说话，拉近与孩子的距离，从而"反哺"到学校教育中来，延伸了教育场的范围。而作为教育场的核心——学生，当他们通过"略美日记"逐步提高审美能力时，对"场"内的一切充满了感性，在"场"内不断地释放"美"的能量，创造着美的场景。与此同时，其他学生和家长的审美感觉力和审美知觉力等不断地提升，学生、家长和老师便在美好教育场内持续地相互作用、相互熏陶渗透。

这里结合我们每个学年的两个非常重要的班级活动来具体讲述。这两个班级活动是以生日会为载体进行的。活动的时间分别是6月份和12月份，一般由三部分组成：一是生日会，二是节日联欢，三是期末表彰。

先说生日会。由于一大部分学生有在班里过生日的意愿，经家委会与其他家长商定，上半年出生的孩子（1~6月）在6月1日儿童节一起过集体生日，下半年出生的孩子（7~12月）在12月31日一起过集体生日。每次生日会的内容和形式提前一个月在班级征集意见，集体商讨确定后再组织开展。虽然生日会的内容和形式每次都有所不同，但主题和目的是一直不变的，那就是感受生命的美好，感悟成长的喜悦和感恩父母、老师和伙伴。由于孩子们平时在写"略美日记"，他们对老师、家长和同学有着丰富的情感，总是能找到美好的素材，每一次生日会上，都会生成无限的感动。可以说，生日会就像是美好教育场里的一根魔法棒，拉近、修复和改善着场里每个层次之间的关系。特别是参加生日会的家长情绪总是非常激动，从开始到结束都是热泪盈眶的状态。他们近距离感受到孩子的表现以及集体的温度，每次生日会结束，他们总是会在班级群里或者微信朋友圈、抖音等平台发布生日会的情景以及自己的感想。其实这就是家长的审美知觉力的集中表现，即积极的创造性和表现性。他们在自己的孩子以及别人的孩子的影响下不知不觉地爱上了这个美好的教育场，以更加积极的心态加入场内，与场内的老师一起形成家校合力。

再来说节日联欢。由于两次活动日期的特殊性，一次是"六一"儿童节，一次元旦前一天，所以生日会结束后，就是孩子们的节日联欢了。节日联欢所有的节目也是孩子们自编自导自演。因为平时在写"略美日记"，他们彼此知道班级里每一位同学的特长，也了解当前的一些娱乐流行元素，他们更知道结合社会的热点在节目中加入一些正能量。学生在唱歌、跳舞、说相声、演小品、朗诵诗歌等节目中互相影响，互相促进。他们通过视觉与听觉在同伴那里欣赏到不同的美，这些美流淌在其内心，从而产生无限的触动，也许是羡慕，也许是自我鼓励，也许是找到了与同伴的差距，等等。这些复杂但积极的情绪为他们自己提供了前进的动力。

最后说期末表彰。表彰前的一个星期，班主任在班会课上根据一个学期以来学生的"略美日记"展示出来的人和事，带领学生一起梳理相关内容。分别从个人、团队和家庭这三个层面评选出班级最美称号的提名。最后在期末表彰会上进行投票选举产生每学期的"美丽

《"看见"与"被看见"》周骞绘

现就读于浙江农林大学广告学专业

学生""魅力团队"和"得力家长"。分别由任课老师和班主任为他们颁奖。在这样的总结性评价中,再一次体现了美好教育场内个体之间的影响和带动作用。

第四章

专美班宝
点亮生命之光

在一个美好教育场里,只有凸显"各美其美"的个性之美,才有实现"美美与共"的可能。

博物馆有镇馆之宝，班级里是否也可以有专人创造的美物，以此享有专属于他自己的美名呢？这是非常必要的。"专美班宝"，是我作为美好教育场的设计者与参与者的独特创意。

马斯洛曾说："几乎所有的儿童，在受到鼓舞的时候，在没有规划和预先意图的情况下，都能创造一支歌、一首诗、一个舞蹈、一幅画、一种游戏或比赛。"我们知道，美育是鼓励创造性的教育，而创造总是个性化的。在一个美好教育场里，我们只有凸显个性之美，才有实现美美与共的可能。而每个个体，都显现出独特的个性，这些个性需要解放，需要表现，更需要被认同，只有这样个体才有动力去创造美。

小学生往往有着独特的视角与创造性。他们总是能在我们成人觉得平淡无奇的事件与地方发现乐趣，从而有所创造，而这些都是可以为个体发展提供内在的动力。事实上，任何有创造性的作家、艺术家、科学家、发明家都是在童年时代就具有了不同于常人的创造性。如果我们作为教育者能不忽视孩子的情趣并能给予平台尽情表现其创造性，积极地认同他们认为的那些了不起的成就，那么，对于学生个体的成长和家庭幸福指数的增强，甚至对于社会的发展，都将起到一定的促进作用。

第一节 价值认同的意义与策略

当我们初为人师,看到"价值认同"这四个字的时候,不知道您是否和我一样,脑海里有一系列的问题:什么是价值认同?价值认同与学生的个体发展有什么关系?学生心理问题的产生、学习动力的缺乏是否都和价值感缺失有关呢?的确,刚接触"价值认同"时,我查了工具书上的词条去了解其概念,我也翻阅了相关的文献去了解其在教育上的作用,于是,理论上我对以上问题都有了一定的答案。不过,我还是想通过我这么多年的教育经历来和您聊一聊在我的那些班级里,那些关于"给予价值认同"的故事。

先讲第一个故事。这个故事发生在一位三年级的小女生身上。一天她哭着来到我跟前说要打电话给妈妈,让妈妈送件衣服过来。原因是她被同学嘲笑了,嘲笑她身上那件黄色的羽绒服像是某排泄物的颜色,只有傻瓜才穿这样的衣服。我告诉她古代皇帝的龙袍是黄色的,黄色是一种智慧与权力的象征。我问她喜欢黄色吗?她点点头。我跟她说我也很喜欢黄色,并让她回忆一下我穿过的黄色衣服,她一下子说了好几件。我又问她老师是不是一个傻瓜。她说不是,老师很聪明。我说还打电话给妈妈吗?她说不打了。最后我张开手臂把她抱在怀里轻轻地跟她说：你穿着件黄色的羽绒服真好看，显得你的皮肤更白了。她擦干眼泪走了。上课了，我先吟诵了一句雪莱的诗：冬天到了，春天还会远吗？然后说：今天小语穿的这件衣服的颜色好像迎春花啊，是不是有点春天的感觉了？大家扭头看，然后都点点头。我带头鼓掌感谢小语提前给我们带来春天的色彩，一时间，教室里响起一片掌声。后来她那件黄色的羽绒服连续穿了一个星期。她也因此获得了"迎春语"的美称。

在这个故事里，我给予了小语"喜欢黄色"的价值认同，并引导全班同学对小语审美价值再次进行认同，因而避免了小语与同学交往的危机以及由此产生自卑心理的可能。在以后的很长岁月里，小语在班级里代表着春天的希望与温暖，这对于她来说是一种褒奖，她也用行动来对应"迎春语"这个美称。同时，经过这样的一件事之后，班级里的其他学生懂得尊重他人的喜好。教育者对学生的一次价值认同，便会带来不同层面和不同层次的意义。

接着讲第二个故事，故事的主人公是一位名叫小帆的四年级的男生，老师和同学每天对他说的最多的一句话是"再来一次"：作业要在老师面前写第二遍才可以过关；值日工作要被值日组长督促做第二遍，等等。久而久之，他习惯于被老师和同学督促才能做好作业，做好值日……学习和班级活动都没有主动性，整个人的精神处在消极状态，和同学的矛盾也时常发生。若长此以往，这个孩子的心理一定会出问题，学习动力也会消失。一节美术课上，我坐在教室里听课，我发现他做了一个与众不同设计非常精巧的灯笼。当即我暗示美术老师对他大力表扬，课后我也给予了他极高的肯定，并把这件事告诉了他的家长。从此，这个孩子像是换了个人似的，作业整齐了不少，值日工作也积极了一些。于是，我对于他不够好的地方不断地提高要求，对于他出色的方面大力表扬。到了第二个学期期末，他的各科成绩均名列前茅，获得"火箭帆"的称号。

第二个故事中的小帆，我一开始并没有给予他认同感。因为没有价值的表现就没有被认同的意义。在一次又一次的否定之后为其挖掘到他自己也不曾发现的长处。这对一个总是遭受打击的学生来说太珍贵了。他内心涌动着的欣喜给了他前所未有的力量，他珍惜着老师和同学重新给予他的评价，于是在集体中不遗余力发挥着自己的作用，体现自己的价值，再次得到了老师和同学的价值认同。以此形成的良性循环消除了其暴躁的情绪和自我放弃的消极心理，极大地激发了他的学习动力。

由此可见，教育场中价值认同的主体是教育者，通过在教育的过程中观察，对学生身上价值的认可并与场内的每一个个体分享。那么学生就是被价值认同的对象，对于其来说，就是一种认同感，而学生的价值被认同根源于其在一定的场合与心境的需要。当然，这个需要要有一定的合理性，否则没有意义的需要不是需要，而是想要，那么教育者也没有给予认同的必要。同时，根据学生的认知发展以及不同的事件，其需要的层次也是不尽相同，教育者给予价值认同前必须要有一定的敏感性。

再讲讲那些已经毕业了的孩子们的故事。

小琳，考入师范学校第一时间给我发短信，说：郑老师，我终于可以走你走过的路了。

小斌，当被保送重点高中的消息传来时，跑到小学部的教室里找到我，跟我的现任班级学生们说：弟弟妹妹们，努力写好每一篇习作，作文可以帮我们升入更高等的学校。

小靖，在本校初中部读八年级，一天中午在食堂门口跟我说：郑老师，我这次其中考试语文考了全校第一。

小薛和小蕊，虽升入初中，但一直是校园里的首席讲解员，承担为参观校园的嘉宾引导讲解的任务。

小超，小学毕业后回老家的实验初中就读，一个周末的清晨，他浏览了我的朋友圈里近一年的状态，共点了56个赞。因为前一天他在家长开放日获得校长表彰，腼腆的他拿起家长的手机以这种方式表达对我的想念和感谢。

……

也许这些孩子只是莘莘学子中极普通的几位，抑或是在我们的教书生涯中，比他们更出色的孩子不胜枚举，不值得一提。如果您了解他们的变化，您会理解我为什么会经常想起他们。况且，教育的成功与否从来不是在于结果的比较，而是孩子个体的成长。

小琳，小学四年级时成绩平平，但写得一手漂亮的字，于是她成了我的私人助理，每天帮我把语文作业写在黑板上，人称"书法琳"。

小斌，小学三年级时出了一点意外，请了很长一段时间的假，回学校后学习状态不佳。但每次习作都能写出自己的真情实感。我便鼓励他投稿，一次一次帮他修改习作，后来两次被评为浙江省文学之星，被同学们尊称为"作家斌"。

小靖，小学五年级时因为客观原因，学习极不稳定。但一直很爱看书，人称"书迷靖"。我就经常买书或借书给她看。她在小学毕业时跟我许诺：一定会学好语文。

小薛和小蕊，长得非常好看，表达能力也不错，但不善于和同学友好相处。在班级上礼仪课时，重点培养她们成为校园讲解标兵，曾多次得到上级领导的嘉奖。后来和同学关系逐渐变好，是同学们口中的"礼仪小姐姐"。

小超，性格非常内向的孩子，但是很有自己的主见，看待问题也很有深度。于是，封他"智多星"的称号，每当班级遇到一些棘手的问题时，都请他一起出谋划策。

唐代文学家韩愈在《马说》中写道："世有伯乐，然后有千里马。"个人特别认同这句话。在我看来，教育者最大的价值就是做一名伯乐，为家庭、为社会发现和培养出千里马。每个学生都有自己独特的、过人的一面。如果能及时发现他们的闪光点，并给予肯定，做他们的知音——"策之以其道，食之尽其材，鸣之知其意"，这样就会极大地激发学生的学习力，那学生便可有极大的发展，将来就有可能成为一匹千里马。《战国策·楚策四》中提到汗明拜见春申君时引用了千里马遇伯乐的故事，每每读到，便心痛之。若是等到"夫骥之齿至矣"而"负辕不能上"时，"伯乐遇之"，则是千里马的哀伤，也是伯乐的失职。小学阶段是学生奠定基础的重要阶段，若是在此期间能被不断地认同，以此获得认同感，学生的学习、思维、社会性等方面都会得到极大的发展。

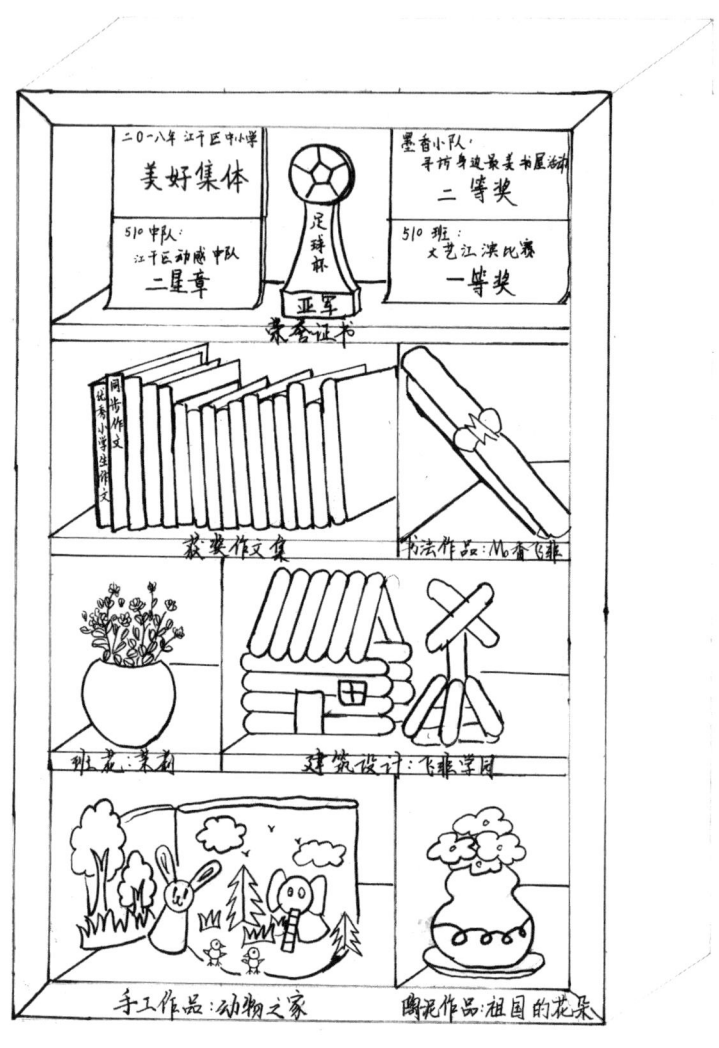

《我们的班宝档案柜》袁永一绘

现就读于临平一中教育集团

第二节　个性之美的呈现与力量

个性是在一定的社会条件和教育影响下形成的一个比较固定的特性。心理学家们认为，个性是人们的心理倾向、心理过程、心理特征以及心理状态等综合形成的一种心理结构，具有一定的倾向性、稳定性和表现性。我们也经常听到这样的话：这个孩子好有个性！这么看来，个性其实是一个中性词，无所谓好坏。个性虽然是一种复杂的系统的心理结构，但是作为教育者我们可以在孩子还很小的时候，凸显其个性中美好的一面，给予价值认同，促使其心理和思想朝良好的状态发展。

朱光潜曾说："有情感思想便是人的生机，生来就需要宣泄生长，发芽开花。有情感思想而不能表现，生机便遭窒塞残损，好比一株发育不完全而呈病态的花。"那么，我们首先要做的就是给学生提供表现的机会和途径，展示其思想与个性。

若是教育者时刻关注学生，时刻给予学生价值认可，学生便会在班级里无拘无束地流露出自己的思想与个性，乐意表现自己的见解与感情，班级里也形成了"百花齐放、百家争鸣"的生态环境。曾经网上流传着一张《还珠格格》里面的容嬷嬷站在窗口窥视的照片，网友们说和班主任的形象如出一辙。我不由得想起小时候上课上到一半不经意扭头时看到窗外班主任用严厉的眼光扫视着班里的同学，吓得我一个激灵，坐得笔直，并用手捅捅同桌，暗示他坐端正，班主任在外头看着呢。我不知道后来同桌有没有继续或者更认真地听讲，反正我是开始思想开小差了：班主任逮住谁没听课？会给他什么惩罚？还好我刚才坐得挺端正的……就这样，天马行空地想到了下课。我们不否认班主任这样的关注是一种职业的习惯性，希望班级的孩子能认真听讲。可是这样的关注是否真地可以促使孩子专注学习呢？我想即使可以，也是暂时的，因为那是做给班主任看的。所以"容嬷嬷式"的关注不是科学、合理的关注。

那么班主任如何合理有效地关注学生以此能及时地发现学生的个性美呢？除了平时的细心观察，在征得学生和任课老师的同意后，还有如下三种关注方式：

"听一节课"，每个学期去其他科目的课堂听一节课。大大方方地走进教室，走进孩子们的课堂，关注他们的个性表达、思维或者艺术表现力。

"聊一次天"，利用课余时间不经意地和学生进行个别聊天。"不经意"是针对学生来说的，而对于聊天的时机和内容我是"刻意"的。例如，中午学生在走廊上看书，我会靠近其中一个学生，跟他聊一些作家或者文学作品。我准备了一本《闲聊记录本》，本子的扉页是学生的名单，一个学期基本可以和每个学生聊一次天，了解学生对一些事件、人物以及现象的独特见解。

"送一个礼物"，学生每个学期给我送一个礼物。注意，为什么是"一个"而不是"一件"礼物呢？因为跟学生表达"一件"礼物感觉很正式，容易引起一部分家长和社会人士的误会，而"一个"礼物就简单随意多了。这一个礼物包括给我做一张贺卡、画一张画、写一幅书法作品、写一封信、说一句祝福语、整理一次电脑屏幕。除此之外并无他物。以此关注学生的个性行为甚至是艺术表现力。当然我也会回礼，一个拥抱、一包零食、一本书籍，等等。

我一边关注和发现学生的个性认知、个性表达和个性的艺术表现力，一边对他们进行价值认同。在上一节呈现的那些小故事，细心的您一定发现了一个小节——每个故事的主人公都有一个特别的称号。的确如此，学生本身就应当是教育者心中的一个特别存在，也应当是班级里一个独一无二的宝贝。我所带的班级每个学生都有一个响当当的名号，如冯骥才《俗世奇人》里面的那些个人物。为什么要给孩子们封这些专属于他们自己的称号呢？目的就是凸显其个性之美，给予学生价值认同。

当我的笔记本和脑海里充盈着学生们的个性之美时，我希望学生能够通过具体的物品来凸显自己的个性美，以得到范围更广、层次更深的价值认同。我开始酝酿和设计班级的"陈列柜"，用来分门别类地存放那些个性美的物品。"陈列柜"即存放的就是拥有学生双手的温度和闪耀着艺术之美的"专美班宝"。

当然，班宝陈列柜最终要在全班家长的支持下，由家委会落实购买，送到班级来。不过，最早带的一个班级，由于当时自己年纪轻，不太善于请求家长帮助，曾在教室的一面墙上设计了挂"班宝"的位置，也别有一番风味。陈列柜分为四层：第一层陈列由学生为班级创造的荣誉，包括奖状和奖杯，这也是"班宝"；第二层到第四层都分好格子，分别陈列学生创造的"宝贝"。这些空格不是按学号分配，而是先给每个格子标好序号，由学生抽取，抽到哪个空格就是哪个空格。待所有的格子都尘埃落定之后，把学生的专属名号打印好贴到相应空的上方。如此万事俱备，就只欠"东风"了。

下面以本届学生为例，介绍几位学生的"班宝"诞生过程。

首先介绍"木南书香"的宝贝。这位学生姓林，名字中有一个楠字，写得一手漂亮的书法。大家就赠予其"木南书香"的称号。在一次秋季运动会开幕之前，全班同学共同商讨入场式如何惊艳出场。因为每届运动会我们班的入场式都是一等奖，所以每个学生都献计献策。正当大家讨论得热火朝天时，"木南书香"清了清嗓子开口了：我们以舞龙的方式进场，那么来个"双龙吐珠"的表演吧。我写两幅书法，分别写上班级的名称"MO香飞非"和入场式的口号，作为龙吐出来的"珠"怎么样？她的提议得到大家的赞同。接下来的一周时间，她每天晚上练习到十点。开幕式的前一天，她把所有的作品带到班级，大家一起挑选了最好的两张交给我，我将其贴在事先专门准备好的裱里。开幕式那天，我们入场式因为"双龙吐珠"的创意赢得全场热烈的掌声，也不负众望再次获得了一等奖。于是，这两幅作品就成了"班宝"，陈列在"木南书香"的格子间。从此，班级里掀起了一股"书法潮"，至今还在涌动着。

"木南书香"为班级创造了"双龙吐珠"的精彩,源于教育者和同伴平时对她的关注。她是班级公认的书法小能手,在她的意识里,她觉得有义务和责任发挥自己的长处,为班级做出贡献。合理科学的关注可以激发学生内在的动力,给予学生归属感和责任感。当"双龙吐珠的创意班宝"陈列起来的时候,再一次凸显了学生的个性美,给予其范围更广、层次更深的价值认同。"木南花香"又给班级带来了积极的影响,再一次为班级创造美。

接着介绍"美文颜开"的宝贝。这位学生名字里虽有"颜开"二字,但每次课堂写作文总是眉头紧锁,因为课堂时间太短,而他想表达的东西有很多,若给予他更多的时间,他必出精品,然后就喜笑颜开了。虽其考场作文很少获得优秀,但并不影响班级学生对他的崇拜。他很享受大家对他的欣赏与崇拜,越来越有创作的激情。其习作多次被各大报刊评为一、二等奖。四年级上册时,他的一篇单元习作同时发表在两本作文书中。当他收到出版社寄给他的两本书时,主动提出捐献给班级。于是这两本作文书又成了班宝,陈列在他的柜子里,经常被同学借阅。

"巧手张"的宝贝诞生的过程比较曲折。这是一个性格极为冲动的男孩,却有一双巧手,每每学校举行手工艺大赛,他必获奖。一次他精心制作了很久的作品——动物之家,在上交之前发现自己做错了,这是更高年级的比赛项目。他气得差点儿把作品扔到楼下,幸好被同学们阻止了。大家纷纷提议:多精致的"动物之家"啊,不如做我们的班级宝贝吧。于是,又一件班宝诞生了。万万没想到,第二学期进行"洁美教室"评选的时候,陈列在"巧手张"格子间的"动物之家"获得评委的好评,帮助班级再次获得一等奖的荣誉。从此,"巧手张"遇事冲动的性格收敛了好多,他明白认真付出一定会有所收获。

……

每一件班宝的诞生都是一次创造美的过程。"班宝"既是凸显学生个性美、给予学生价值认同的载体,也是班级的"魔力圈",包容消解学生个性中消极的一面,呈现出其个性积极向上的一面,从而给班级所有的个体带来更好的影响。

教育者成为学生的知音,知晓其长处以合适的方式及时认同其价值,引导教育场内的每个个体学习欣赏,以此极大地利用这种美,发挥其更大的价值。凸显个性之美是为了更好地给予价值认同,给予价值认同的同时又可以影响孩子形成更好的个性,二者相辅相成,这便是"专美班宝"的意义所在。

第五章

惠美班风
生成多彩风貌

我不想墨守成规,我乐于和学生一起以"惠美"为核心,赋予"班风"的"风"更多的色彩与意义。

百度百科对"班风"的定义是:"一个班级稳定的,具有自身特色的集体风范,是一个班级中大多数学生在学习、思想等方面的共同倾向……反映了班级成员的整体的精神风貌与个性特点,体现出班级的内在品格与外部形象……"再翻阅一些专家以及一线班主任的相关文章,概念大体一致,简而言之,"班风"就是班级的集体风气和精神面貌。但是,"风"在汉语中还有很多其他的具象或抽象的表达。例如:像风一样的速度——风行;景象——风景、风光;态度、姿态——风度、风采,等等。我遵守着教育的基本规律,可美育的核心思想是"解放与创造",我不想墨守陈规,我乐于和学生一起以"惠美"为核心,赋予"班风"的"风"更多的色彩与意义。

"惠"的本义是仁爱,《说文解字》中写道:惠,仁也。然,"惠"古通"慧",又有聪慧的意思。本章将以"美观、舒适、有序"的教室环境,"真诚、善良、智慧"的精神面貌,"提升、飞越、创新"的班级文化,多角度、多层次呈现"惠美班风"。

第一节　班级环境创设的诗意思考

所谓班级环境指的是学生在校所处的空间，即教室以及可以影响学生学习和发展的各种因素总和，融合了有形的物理环境和相对抽象的文化环境。

"瓦尔登湖的风景并非顶级，虽然非常漂亮，但谈不上惊艳，也不足以让那些很少来或者不住在湖边的人着迷；然而其湖水既深邃又纯净，值得大书特书。它是清澈而青翠的深井……它是松树和橡树林中永不枯竭的甘泉……"这是亨利·戴维·梭罗的著作《瓦尔登湖》中一处对湖泊描写的片段。瓦尔登湖是一个美丽而安静的地方，是心中的理想国，他在这里生活了两年，"如大自然般悠然自在地生活"。他爱这里的一切，最爱的就是那纯净幽深为生灵提供生命甘泉的那片湖。或许有人会说是梭罗成就了瓦尔登湖，让世界上的人都知道这么一个地方，那么，瓦尔登湖何尝不是给梭罗提供生命的火花和灵魂的思考呢？我希望我的班级环境也能像瓦尔登湖一样，学生可以在这里享有自由又能自主约束，热爱班级环境又有所敬畏。它由学生创造，它为学生提供一个和谐有序的学习场所，它不断激发学生创造的灵感。

诗意的班级环境创设必是一个长期、动态的过程。

我希望我和我的学生心中都有一个"瓦尔登湖",能像梭罗一样,通过自己的审美和思考逐渐创造一个充满诗意的、令同学向往的班级环境。在我看来,班级环境的创设不是一蹴而就的事情,不只是为了开学前布置好教室环境给学校检查和参加评比的,它是一个动态的长期的过程,如梭罗在湖边建造小木屋的经过。孩子用简单的材料和丰富的情感设计创造着自己的班级环境。每一个孩子都参与进来,每一天都有可能有孩子为班级环境射进一道灵动的光芒,如班宝的诞生、校园里的一朵落花或一颗果子、美术课上的一件手工作品,等等。

诗意的班级环境创设也是一个融合、浪漫的过程。

记得有一位刚入职的班主任问我:该如何带领我的学生去打造一个富有特色而又充满生机的班级环境呢?我告诉她,富有特色的班级环境不是靠打造的。美好的班级环境是有灵气的,是符合班级学生气质的,是和学生融为一体的。班貌虽然是一种外在的体现,但它是班级的生成物,应该注入每个个体的审美感觉力、审美注意力、审美情感力和审美思维力等,孩子拥有这些审美能力并不难,后面的内容会具体讲述。当我们苦恼于无法为自己的班级创设一个良好的环境时,不妨先静下心来想一想,我班里的孩子有哪些共性又有哪些个性呢?自己作为教师,又有怎样的气质和个性呢?班级的发展特色和方向是什么?在我看来,班级物理环境与班级文化环境是互相融合的。班级布置既是凸显班级文化建设的外在体现,也是班级文化的生成物。如果我们把班级环境布置看成是个体与个体之间、个体与班级相互融合的过程,如果我们在班级布置的过程中注入自己的文化元素,当然前提是班级得生成一定的特色文化,那么我们就不会为布置班级环境而布置。当老师、学生和班级环境有一种和谐共生的感觉时,我觉得班级环境创设就成功了。倘若刻意去网上买一些色彩明艳的装饰来布置教室,倘若刻意地去追求所谓的特色环境,也许真地会令自己失望,甚至发现班级的人与教室的环境是格格不入的。只有让每一个人先融入这个班级,才有可能生成属于自己的班貌。如果做到这些,当我们环顾自己的班级环境时,既有"踏破铁鞋无觅处,得来全不费工夫"的柳暗花明之感,又颇有"梦里寻她千百度,那人却在灯火阑珊处"的唯美浪漫。

诗意的班级环境创设更是一个培养学生审美能力的过程。我们在进行美好形象、礼仪和教育场的构建以及凸显个性美、给予价值认同的过程中,学生已经形成一定的审美能力,故班级环境创设其实也是在发现美、欣赏美和创造美。

首先,小学阶段的孩子对事物的感觉本来就是从外观开始,他们比较容易感觉到事物的光亮、色彩等质感,从而引发情绪的反应。当学生有了审美感觉后,会"抓住某些富有特征的审美信息,唤起审美创造和表现的冲动"。例如,学生在展板上整整齐齐地贴上同伴的优秀习作之后,左右看了又看,觉得太单调。他们又用彩色纸作为花边,再贴在作品的周边。经过这样的装饰,展板上立刻明亮起来。这就是审美感觉力给学生带来的创造性。如罗丹所言:"假如雅典娜的神殿巴特农不是大理石筑成,王冠不是黄金制造,星星没有火光,它们将是平淡无奇的东西。"。当班级个体对事物有了一定的审美感觉力后，他们的大脑会对收集到的信息进行加工，知觉上便对审美对象进行整体和系统的建构，从而在班级环境布置中的创造性表现出一定的意义。例如，学生在给作品装饰花边的时候，他们还会关注花边的颜色、形状等是否和作品的内容相符合，或者花边的色彩与底色是否协调，等等。这便是审美知觉力的功能。

其次，小学阶段的大部分孩子对于事物的注意力是以其外观为直接兴趣的，没有功利性，但是容易被班级舆论和教师的评价左右。例如，布置教室环境时，有两件作品摆在他们面前，让他们挑选一幅装饰教室，他们会直接注意到好的那幅作品，而不太会在乎相对差的那幅作品裱得更好。如果此时告诉他们相对差的那幅作品是班级的一位在班里口碑极好的同学完成的，他们内心的天平就开始摆动了。因此，在布置环境的同时，培养学生的审美注意力是非常重要的。当个体形成了审美注意力时，他们便会摒弃一些外在的束缚，真正从美的角度去布置教室环境。另外，平时多鼓励和推荐学生去参观博物馆、画展等艺术场所，会丰富他们的审美经验。在参观的同时，也可以适当地要求学生拍照或者写写参观体会，便可提高审美记忆力，这样也可以在教室环境布置的过程中提供灵感，创造更高层次的美感。

俗话说："爱美之心，人皆有之。"无论是一学期一次的大规模布置还是平时小范围地为教室添置或者改换相关物品以及作品时，都应该引起学生的注意，参与到其中的审美体验中。班级的每个个体形成一定的审美情感力就能对当下的环境布置进行评价、品味与斟酌，以达到更好的布置效果。当然，仅仅是对教室的某个部分的布置进行局部审美也是远远不够的，班级的个体还需要有审美的思维力来创造美。故宫那红色的宫墙、黄色的琉璃瓦和白玉栏杆组合在一起是一种尊贵的美。乡下人家门前搭瓜架，午后再种一片竹林是一种朴素的美。不同的地域、不同的场所表现美的层次与角度不一样。布置教室也是如此，要关注整体的协调美，把细节连成一个整体，能让每一处布置都有一定的象征意义，能与班级的核心目标与特色文化相联系，等等。

教育者把心静下来，少一些急功近利，把班级当成实现职业理想的"湿地"，不急不躁，用自己优雅的姿势和从容的心态孕育灵感和美的种子，相信我们内心所憧憬的班级环境便会在孩子的手中慢慢发芽，开出一朵朵美丽的"花"来。

《"美"就是这样形成的》范玲玲绘

现就读于中国计量大学现代科技学院国际经济与贸易专业

第二节　班级物理环境的设计与操作

班级物理环境设计其实就是教室的显性布置。师生运用物质手段和空间美学原理，给班级的每个个体创造一种"美观、舒适、有序"并能满足师生物质和精神需要的教室环境。同时通过设计表达班级文化、师生风格等精神因素。

有老师可能会问，教室的空间有限，哪些地方能设计呢？教室里虽是统一摆了桌椅和讲台，统一安装了多媒体和其他电器，但是教室里还有墙面、柜子、后面的黑板、玻璃窗，教室外面也有墙面以及走廊。师生可以根据不同的时节和主题等进行相关设计，我们就是要在有限的空间创造无限的灵动，这也是教育和美育的核心思想之一。有老师可能还会问：在有限的空间怎么设计出"美观、舒适、有序"的教室环境呢？我们可以根据室内美学原理，从色彩和功能等方面进行相关的设计，既要让教室环境变得"美观、舒适、有序"，也要突出班级的文化和风格。

教室既是教师教学、学生学习的场所，亦是师生共同的集体，类似于"家"。因此教室的环境设计必须要符合一定的审美要求，也要给师生带来温馨的感觉。教师首先要懂得一定的美学原理，并将之渗透给学生。

　　班级的物理环境要呈现出秩序感。秩序往往成为美的总代表，一切美的原理均是代表着一定的秩序美。教室环境是否美观，首先取决于教室内的所有物品摆放有没有按照一定的秩序规律进行。教室的地面，在师生的视域范围中是非常重要的，走进教室，视线时刻要与地面接触，桌椅的摆放可直接影响地面的视觉效果。一般来说，桌椅会分为四个大组进行摆放，三条纵向间距要一样，每一横排的桌椅也要对整齐。但课桌尽量找参照物对齐，不要在地上画线，破坏桌脚到地面这段空间的协调性，容易给学生带来束缚感。例如，我和学生在教室左边的墙上就有桌子对齐的"机关"——同等距离粘贴了六朵茉莉花的图案（茉莉花是我们的班花），第一组的桌子前后的间距与墙上的茉莉花图案相等，第二组、第三组、第四组的桌椅再和第一组的桌椅对整齐。这样桌椅横向的间距是一样的，那纵向的间距怎么办呢？可以用同样的办法设计参照物——在教室前面黑板下的墙上贴班花的图案，第一排的桌椅和图案对齐，后面也对齐了，地面三条同等距离的间距也就形成了。

　　另外，教室里其他物品的摆放也要有秩序。例如，工具间的卫生工具分门别类地摆放好：可以在工具间的墙上装上钉子，把拖把和扫把以及抹布都挂起来；脸盆和水桶分别摆在水池的两边；洗洁精、洗手液、垃圾袋等放在工具间另一面墙上的小柜子里。又如，书柜要靠墙摆放，书柜里的书、作业本等都要分门别类摆放整齐。另外，窗帘如果没有特殊情况就必须统一卷好，用带子绑好，且带子要统一打成蝴蝶结的形状。

除此之外，对称布置也是一种平和的秩序。例如，教室里若有两个及以上的柜子，建议呈对称位置摆放。又如，若逢节日或主题教育需要在门窗上张贴饰物时，饰物最好也应该呈现出对称的图形等。当然，在秩序的基础上进行有规律的变化，则可以避免单调，这个不举例赘述，审美直觉和意识会指导如何变化。

班级的物理环境需要体现和谐感。这种和谐感主要来自教室墙面布置的造型、色彩和材质。由于墙面和人的视线垂直，在室内空间面积较大，处在教室最为明显的地方，教室墙面成为师生视线时刻接触的部位。故在布置教室墙面时要体现墙面和整个教室空间成为和谐统一的整体，也要体现一定的艺术性和安全性。

一般来说，教室墙面的设计有以下几个主题区域：中队角、布告栏、黑板报、作品展示区等。在进行布置时，我们要考虑一个区域内以及几个区域之间的造型风格和形式是否统一协调。例如，中队角的整体造型是长方形，那中队角的每一个局部也适合以方形的样子呈现，且每个局部之间所占位置的比例也要设计好，既要突出重点内容——雏鹰争章和中队委员，也要考虑其他内容所占位置的范围不可过于太小。如果教室有一个区域的造型是方形的，那其他区域的造型就不适合设计出圆形。当然，我们也可以利用渐变的美学原理来设计每个局部，使教室墙面的造型既显得和谐又彰显活泼与趣味。另外，在设计布置墙面的每个区域时，材质也要体现出统一协调，所用的材质最好不要超过两种。例如，很多教室墙面常常会出现网上买的泡沫材质的边框，塑料材质的花形，再加上彩纸打印的内容，乍一眼看过去会很吸引人的眼球，但细看却会有一种杂乱的感觉，无法产生真正的美感。

教室墙面布置是否显得和谐，还有一个重要的因素，就是色彩的搭配。教室内的色彩除了对师生的视觉环境产生影响外，还直接影响师生的情绪和心理。科学的用色有利于学生学习，有助于保持身体的健康。色彩处理得当既能符合功能要求又能取得美的效果。因此墙面每个区域的用色万万不可过多，也万万不可都采用暖色。一般不可多于四种色彩，而且宜采用调和色、相近色，或采用同色系的色彩，三原色尽量少用。

接下来我结合我们班级墙面布置来具体阐述如何更好地利用色彩的美学原理呈现一个和谐的物理环境。例如，三、四年级时墙面布置的主色调是绿色、米灰色和天蓝色，再以粉红色进行点缀，这样和教室里淡绿色的窗帘以及班花——茉莉花相得益彰，走进教室会产生温馨、活泼和快乐的感觉。到了五、六年级，墙面布置的色调则以蓝绿色、米黄色和淡紫色为主，配以橙色加以点缀，则给师生带来宁静、稳重又不失明丽的感觉。例如，我现在的班级（四年级）布告栏、评比栏、中队角、作品展示区的底板均是淡绿色的印有茉莉花图案的KT板。

布告栏上是学生自己设计的课程表、作息安排和值日安排表等，这些表格的底色是天蓝色，表格是米灰色，字体是黑色，再缀以粉红色的花纹。再看作品展示区，底板印有米灰色的水墨画，每一幅作品学生都会设计形状略有不同的粉色边框加以进一步装饰。有时学生还会设计同色系有渐变效果的边框，使整个展示区多了几分活泼与明媚。如此等等，其他区域不加以赘述。

　　黑板报的设计也要考虑版面与颜色的协调性。一般小学阶段不建议学生使用水粉颜料来设计黑板报，由于能力问题，他们不能很好地调色，也不能很好地使用水粉画笔在黑板上作画。当然现在也有很多学校教室后面的黑板变成了装订材质的背景墙面，这样学生可以更好地进行主题设计。

　　同时，这里也要特别注明，教室的墙面装饰尽量张贴，最好不要悬挂，避免不安全的因素产生。

　　班级物理环境还要体现共性与个性的融合。共性是整个教室环境的统一、整体、协调，个性是教室局部环境的变化与突出。有共性没有个性便失去特色，太重视个性便会显得零散，且有喧宾夺主之感，同时也会打破教室的宁静，容易转移学生的课堂注意力。那么如何实现班级物理环境在共性中凸显个性呢？班级文化是一个重要的方面。例如，在上一章提到的陈设在专柜中的"专美"班宝，就是物理环境中的个性体现。从室内美学原理的角度来讲，教室内的陈设要素是帮助我们体现班级物理环境个性美的良好途径。又如，教室内的生物角是改善教室环境的重要手段，利用绿化和其他的生物不仅可以美化教室空间，还可以凸显班级物理环境的个性化。

　　以上一届学生设计布置生物角为例。当时教室里的生物角在教室前门的左边靠墙处，学生设计了好听的名字：飞非灵动，至于为什么是"飞非",下一节的班级文化将会具体阐述。在生物角的斜对面即教室右后门的墙边是放置班级体育器材的地方,这样,"飞非灵动"与"飞非跃动"二者的造型和意义都呈现对称的有序感,色彩与整个教室也是统一协调的。生物角在有序与和谐的基础上与整个教室环境是和谐共生的。那么如何体现生物角的个性陈设呢?

我们请家委会在生物角摆放了一个四层的白色铁质花架,花架呈正梯形,每一层摆放的绿植或生物的数量分别是二、四、六、八,所有的绿植和其他生物都有序地摆放在这个稳定的花架上,这样显得不零散。先说生物角里除绿植外的小生物。当时我们根据科学这门学科来养生物。我们先后养过蜗牛、蚕、金鱼、小兔子和仓鼠;我们还培养过蘑菇,种植过凤仙花等植物。这些供孩子们科学观察的每一种生物都养在四个透明的器皿里,摆放在花架的第三层,这些小生物的下面一层整齐地摆了八小盆绿萝。花架的第一层则摆了两盆吊兰。吊兰的几根长枝条垂下来,刚好触碰到第三层的小生物边上,显得特别灵动,与前来观察的孩子们形成了教室里的一道特别的风景。

再讲摆在花架第二层的四盆个性植物。当时我们的班级阅读与写作跟"每月一花"相结合。故生物角的绿植除了花架底层深绿色的绿萝和花架顶层淡绿色的吊兰,花架第二层每个月都还会摆上四盆当月开放的花儿,四盆可以相同,也可以不同。这样在深深浅浅的绿色中,有了不一样的色彩,这就是在共性中创造个性的美。

再以本届学生设计的植物角为例。我们的班级文化是"MO香阅读",故茉莉花是我们的班花。由于"MO"整体视觉呈弧形,班徽也设计呈圆形，故植物角的花架是白色铁质的圆形花架，上下一共有十层，十盆茉莉花错落有致地摆放在花架上，与我们十班刚好呼应。你想啊，隔壁班甚至整个校园只有我们教室里有茉莉花，是多么别致！当茉莉花盛开时，我们班也成了校园里散发香气的班级，这也是一种个性的体现。当然，个性还体现在学生对班花的爱护上。由于茉莉花生命力相对不是很强，到了冬天，生机逐渐衰弱。负责养护的学生家里正好是开服装厂的，她找来白底印花的花布，让妈妈做成十件淡雅的"花"衣服，小心翼翼地套在茉莉花上。不仅如此，她和助手还一起设计了一条标语：嘘！班花在休息，勿扰清梦。他们设计成十个圆形的粉红艺术字，分别贴在花架上。像这样，在班级陈设上流露出爱与希望，也是共性中的个性美。

在班级物理环境设计与操作的过程中，每个区域专门设有相应的设计师，由班主任和宣传委员成立一个设计团队。另外，相应区域还有专门的两位负责人，由他们共同负责落实相应区域的布置。如两位养护委员承担植物角的养护和布置工作，两位中队长参与中队角的设计和负责布置，图书管理员负责参与书柜的装饰和书籍的摆放等。

在班级物理环境设计与布置的过程中，师生共同参与，以室内美学原理为依据，与班级文化相结合，用心设计，从而生成"美观、舒适、有序"的环境。这也是班级师生对班级物理环境情感化、艺术化和个性化的体现。

第三节　班级文化环境的生成与建设

　　班级文化是指班级的个体在学习、工作、生活中所形成的具有一定思想内涵和文化特征的班级形象和思想行为。班级文化通过班级这个载体来反映和传播文化并形成一定的文化环境，反过来又对班级的主体——学生起到熏陶和培育的作用。因此，班级文化是一个班级的灵魂，它不能靠外部力量的"包装"与"打造"形成，而是班级个体的言行举止、目标信念和情感价值观通过培养的生成物。班级文化分为两方面，一方面是"显性文化"，即物质文化，是班级文化环境的外在体现，更多地表现在班级物理环境中，从直观上展现班级文化的特色。另一方面是"隐性文化"，包括制度文化、观念文化和行为文化等，体现了班级文化的内涵，是班级文化环境的核心，也是班风建设的摇篮。本节结合美育的思想阐述美好班级文化环境的生成与建设。

　　班主任是班级文化的总设计师，学生是班级文化生成与建设的主体，故班级文化是一种个性文化，代表着班级的形象与风气，体现了班级个体独特而又统一的气质与风格。任何一种文化的形成都在一定的背景下产生，班级文化也是如此，正是因为背景不同，便可能生成有个性美的班级文化。大至当今教育的发展现状与趋势以及学校的办学理念，小至新建集体的班主任与"初来乍到"的学生及其各自的家庭就是班级文化产生的背景。我们知道，一个班级形成之初，学生都是个性迥异的，他们来自不同的家庭，甚至来自不同的地域，此时班级的学生虽是个性鲜明，却不能形成班级的特色文化，这时候需要班级的总设计师——班主任，在个性中寻求共性，结合社会与学校来"创编"一条班级文化轴，将这些个性鲜明的个体凝聚在一起。

班名是班级文化轴的开端，也是班级文化的理念核心。我所任教的学校是一所外来务工人员随迁子女的学校。从2005年秋季至今，我接触到的学生与家长均来自全国各地，除了浙江省内的城市，其中又以距离杭州较近的江西省与安徽省居多。看似松散的队伍，其实有一定的共性。从好的一面来讲，家长都有拼尽全力的勇气和吃苦耐劳的品质，对子女的期望值比较高；学生与本地孩子相比，懂得感恩，独立自主的能力比较强。从欠缺的一方面来讲，家长的认知与文化水平不高，导致家庭教育缺失与相对简单粗暴；学生的生活环境不稳定，导致个人行为习惯不良和自我要求不高。我们的学校成了学生唯一或主要的学习场所，家长对学校和老师寄予了很高甚至全部的希望。随着城市化的发展，他们希望自己的孩子能在学校老师的教育下学习成长得更好，他们希望学校和老师给予自己更多的家庭教育指导，他们更希望自己以及子女将来能够在杭州立足，过上美好的生活。当然，近年随着新农村的快速建设与发展，很多家长也有回乡的打算，但是，即使回乡他们也是带着优越感归乡的，他们觉得孩子在杭州享受的教育是比老家要好的，自己也是比老家的人有见识的。根据这样的背景，我带的每一届班级的班名都以"飞非"为中心词，意指孩子能在学习与其他能力方面可以飞跃、飞翔，有一个非同一般的未来。这样的理念符合学生和家长内心美好的期待与愿望。历年来，根据家长与学生素养的变化与提高，生成了"蒲公英"飞非、"MO香"飞非等班名。

在学生已有的审美和创造美的能力基础上，我们根据班名商讨班级口号、制定班级公约、选定班歌、设计班徽等。在这个的过程中，其实也是学生在体验美和创造美的过程：语言的美、旋律的美、图形的美，还有师生之间共同研究时和谐的人际关系美等。这些美也在合适的场合展现给任课教师、学校、家长和社会。例如，我们制定了印有班徽的班帽，每天放学或春秋游时，学生戴着班帽，唱着班歌，排着整齐的队伍走出校门，成了校园的一道独特和固定的风景线；又如，班级物理环境的布置上也时刻体现班名和班徽的文化元，体育课、做操和大型活动时的整队口号也是融入了班级口号进去。这样，一条灵动的班级文化轴贯穿着整个班级文化。师生在此轴上不断地生成与建设文化的内涵，创造着独属于自己本班的美好文化。

班级文化是一个动态的系统工程，也是师生个体审美意识发展的过程。做了十多年的班主任，我一直不想把自己的角色仅仅定义为班级的管理者，因为"管理"在一定程度上意味着"居高临下"和"束缚"，学生的认知与能力在发展，学生生活的空间与环境也随着社会的发展而发展，教师必须有发展的眼光来培养学生和带领学生建设班级文化，这样的班级才是灵动而富有创造性的。因此，我希望我是班级的研究者与创造者，我尝试并践行通过美育来引导和培养学生创设美好的班级文化环境。

特色的班级文化生成于特定而又充满个性色彩的班级背景之下，故班级文化的建设其实也是一场又一场进阶似的审美活动，师生须有共同的、积极的审美趣味和审美观念才能更好地进行班级文化的建设。只要是身心健康的人都有爱美的天性，特别是"人生在幼年青年时期，趣味是最浓的"。但是，小学阶段的儿童鉴赏能力有限，他们有可能被周围的一些低级趣味所影响，特别是我校的孩子，生活的环境比较复杂，于此，班主任有责任和义务将学生"引到高等趣味的路上"。因此，"飞非文化"在班级文化轴的牵引下应运而生，带领学生建设"飞非文化"环境的同时，也让学生在"飞非文化"的环境里得到滋养，形成良好的审美观念，从而让学生在"飞非文化"的引领下，形成正确的人生观、价值观和世界观。

所谓"没有规矩，不成方圆"，一个良好的班级需要制度的制约，这是毋庸置疑的。那么，制度制定了，学生是否就遵守呢？我想每个班主任心里都有自己的答案。我们教育的对象是人，是处在不断成长的少年儿童，他们都有各自的个性和发展的特殊需求。可见，"教育就不仅仅是做规矩，不仅仅是由外而内的输入；教育还应该是一种解放，就是使个体尚未被开发的潜能解放出来，使其达到尽可能的充分发展"。基于这样的美育思想，班规或者班级公约就不能仅仅从班级管理的角度出发制定一些条条框框来约束孩子的言行，而更应该设计计划与目标去帮助孩子释放和挑战自我，这些计划和目标且要不断更新。所谓"条条大道通罗马"，每每在接班伊始或是开学初，我并不急着开班会定制度，而是从形象、言行等方面以身作则，正面引导，再挖掘学生的闪光点来辐射同伴的引领力量。当孩子们对美好的学习生活有了向往之后，开始带领学生创设包括奖惩在内的评价机制，就这样，我们逐渐生成了飞非"集美制度"体系，如图5-1所示。

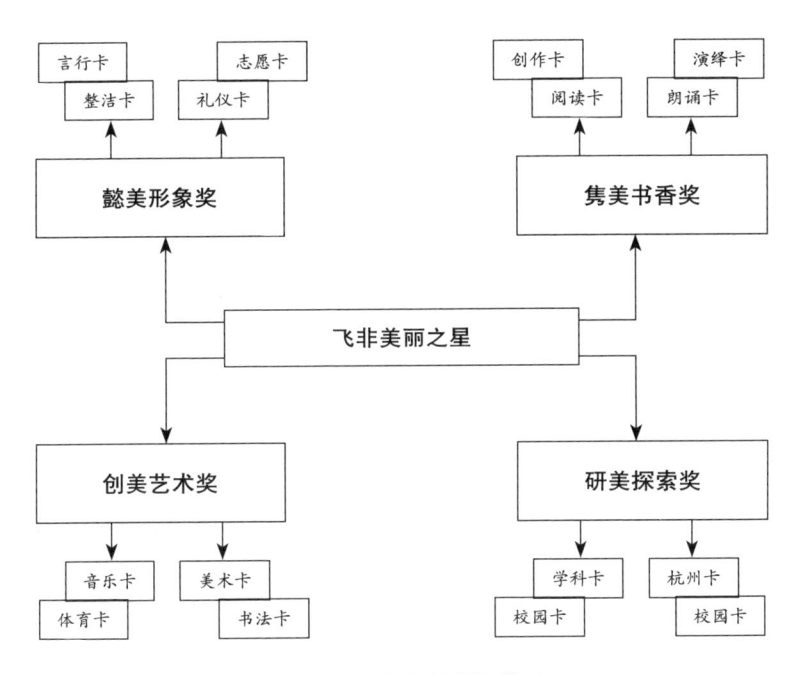

```
  言行卡      志愿卡            创作卡      演绎卡
  整洁卡      礼仪卡            阅读卡      朗诵卡
       ↑         ↑                  ↑         ↑
     ┌─────────────┐              ┌─────────────┐
     │  懿美形象奖  │              │  隽美书香奖  │
     └─────────────┘              └─────────────┘
              ↑                          ↑
              └──────┐          ┌────────┘
                  ┌────────────────┐
                  │   飞非美丽之星  │
                  └────────────────┘
              ┌──────┘          └────────┐
              ↓                          ↓
     ┌─────────────┐              ┌─────────────┐
     │  创美艺术奖  │              │  研美探索奖  │
     └─────────────┘              └─────────────┘
       ↓         ↓                  ↓         ↓
  音乐卡      美术卡            学科卡      杭州卡
  体育卡      书法卡            校园卡      校园卡
```

图5-1 "集美制度"体系

"飞非美丽之星"是班级的最高荣誉，有了此荣誉不仅可以获得精美的证书和奖品，也是进入校级荣誉评选的"通行证"。当学生集齐相应的四张奖励卡，就可以换取一张相对应的奖状，当学生集齐三张及以上奖状就可以获得"飞非美丽之星"的荣誉称号了。那有些孩子他只能集齐一部分卡不足以换奖状或者只能集齐一到二张奖状，以及取得"飞非美丽之星"的荣誉后还多出来的奖励卡或奖状，是否就浪费了呢？不，我们有"飞非银行"和"飞非超市"，学生可以选择将奖励卡、奖状存在"银行"进行累积，一个学年有效，或在"超市"购买商品。"飞非银行"的行长由班长兼任，学期期末评优前组织同学存取奖励卡。"飞非超市"由家委会主任负责，也在同一时间的班会课来给学生兑换相关小礼物（曾经我自己负责买奖品给学生兑换，后来家委会提出由他们来负责这项工作）。除此之外，奖励卡还有两个特殊的功能，一是可以用来免于被惩罚，二是可以用来自主选择座位。例如，二张奖励卡可以免于被惩罚一次，班级和家庭均可使用；四张奖励卡可以有一次自主换座位的机会，时长两周。

除此之外，班级还设有"自律卡"，这是一张"王牌卡"，获得这张卡可以替换其他任意系列中的四张卡，如图5-2所示。

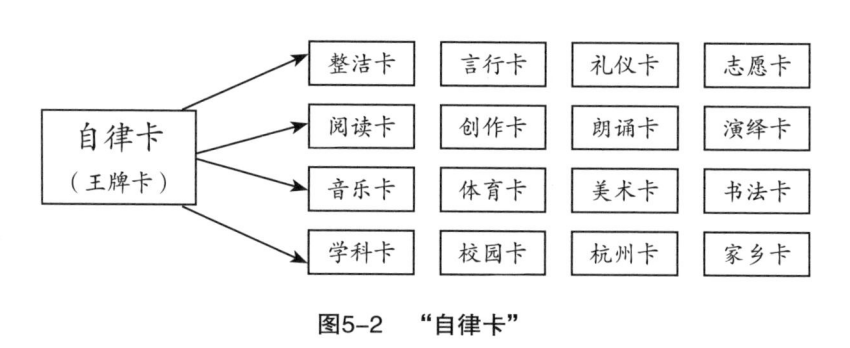

```
自律卡          整洁卡  言行卡  礼仪卡  志愿卡
（王牌卡）  →    阅读卡  创作卡  朗诵卡  演绎卡
                音乐卡  体育卡  美术卡  书法卡
                学科卡  校园卡  杭州卡  家乡卡
```

图5-2 "自律卡"

班级流通的这17种奖励卡学生如何得到呢？每个学期开学初，我会用红包装好除"自律卡"之外的16张奖励卡作为"开学礼"发给每个学生。接下来，我以"研美探索奖"奖项下的四张奖励卡为例来说明学生如何"集美"。学科卡，学生在学科测试取得优秀成绩或者进步明显时可以获得一张，学生的学科作业每累积到15个"优秀"也可以获取一张，除此之外，学科老师用学科卡进行特殊奖励也是可以的。校园卡，学生在校园里的一些美好的发现在谈话课进行分享可以获取一张，学生在校园里有突出表现被公开表彰也可以获取一张。杭州卡，学生读完一本和杭州有关的人物传记可以获取一张，学生走访杭州名人故居等地方也可以获取一张，若在班级分享还可以获取一张等。家乡卡，寻访到家乡的一处美景、学会做家乡的一样美食、了解到家乡的一个名人等，均可获得一张，若与同学分享获得好评还可以再获取一张。自律卡的颁发先通过家长和搭班老师申请，由全班同学以及班主任确认属实后，再给予学生。如周末或其他时间家长不在家的时候，能积极主动并高效地完成各科作业；或者班主任外出培训，班干部和搭班老师发现学生能在一天之内进行良好的自我管理等。

若是学生犯错误，班主任和任课老师是有权利收回其奖励卡的。当然，班级的惩罚措施也不仅是这一种，排除体罚等方式视情况而进行惩罚，这里不加以赘述。

通过"集美"的制度文化，极大地调动了学生参与学习、活动和探索的积极性，在一定程度上解放了孩子天性的同时，又对学生起到真正的约束作用。奖励或者罚取奖励卡这种约束与自身利益有密切的关系，他们自然会时刻注意自己的言行是否违反了班级的评价标准。其实，我带的每一届班级都没有制定具体的班级公约或者班级规则，因为这些其实都已经包含在了"集美制度"之中了。

"集美"的过程其实也是审美和创造美的过程，在这样一个动态发展的美好过程中，班级文化环境也凝聚了越来越强大的力量，推动班级向美而生。"惠美"班风就在美好的班级文化环境与物理环境中孕育而生。

"整洁美观，聪慧善良"的班级风景。"飞非"班级的学生习惯每天穿戴整洁，习惯在一个清爽不失美观的环境里学习、生活，习惯用得体的言行与同学和他人交往。"飞非"班级的孩子善于观察捕捉同伴的闪光之处，当孩子发现自己身边的同伴都有一个美好的形象时，他们也会呈现出自己最好的一面，久而久之，保持美好形象就会形成每一个个体的习惯，就能成为班级的一道最美的风景。当孩子习惯自己所在的集体是校园里的一道风景时，他们会思考，会行动，共同努力，让自己所在的集体变得更加美好。这就是来自同伴之间互相影响的力量。例如，生活委员有办法让同学午餐打饭时不漏一滴汤，不掉一颗饭粒；劳动委员可以带领值日生总结出"20分钟黄金值日法则"；卫生委员研究出如何把指甲剪到最佳长度的方法；学生上楼发现楼道有碎玻璃渣会第一时间拿扫把扫干净……

"积极响应，知行合一"的处事风格。陶行知说过："学高为师，身正为范。" 我们要给孩子讲道理，但更需要用自己的行动来影响点亮学生。又受王阳明"知行合一"思想的影响，在班风建设中，个人认为可以以"知（道德与思想）"来指导和约束学生，更要通过"行（实践）"来带领学生成长与发展。这样，学生方可向美而生，同时影响家长的思想和言行。

每当学校举行活动或班级开展活动时，每一个学生都积极响应,第一时间商讨方案,第一时间取得家长的支持。如2020年初,新型肺炎疫情严峻,由于疫情防控需要,班主任需要收集家长的各类信息与数据,均能得到所有家长的第一时间支持与配合。学生在家里上网课,他们能做到认真听讲,及时上交各科作业……这些案例都是班级逐渐形成"知行合一"处事风格的体现。

"心里有爱,眼里有光"的学习风气。班主任在接班伊始或开学初引导学生喜爱任课教师,学生便会产生更强的学习兴趣,表现出更大的学习积极性,班级的学习氛围会越来越浓厚。任课教师也会因此在学生当中获得认同感与价值感,以更大的热情投入教学当中。在这样良性循环的过程中,学生认识到知识的重要性,体会到努力学习是一种美好的享受,是一种美的呈现,于是,学生之间互相学习又彼此竞争。

一直以来,我都要求学生无论上什么课,做什么事都要全力以赴地投入,我告诉他们眼睛是心灵的窗户,老师可以从你的眼睛里看出是否专注。上课时,每一个学生都能眼睛看着老师,跟着老师的节奏倾听、思考、书写。我们班级的课间是这样的:一部分学生围着任课老师继续询问或交流,另一部分学生一起讨论课外读物里的精彩内容,还有一部分学生欣赏其他同学的优秀作业等。期末复习期间,学生会自发组成学习小组,甚至要求老师给需要的同学多布置一些专门的作业……由于"集美制度"的激励和促进,学生在学习上,在活动中,在比赛中,他们有一股"打破砂锅问到底"的韧劲和执着的精神。又因为老师对家长进行的正面指导,帮助家长提高认知和开拓家庭教育视野,大部分的家庭学习氛围也很浓厚，家庭教育之间形成良性的竞争。这便是"飞非"教育场中散发出的"心里有爱，眼里有光"的学习风气。

综上所述，虽然班风最终体现在学生具体的行为表现上，而行为表现靠的是精神上的引领，所谓"相由心生"。因此，班貌与班风是生成物，班级文化也不是靠包装与打造而形成的。

第六章

悦美阅读
提高审美能力

孩子们就这样读着写着,逐渐拥有一颗细腻、敏感的心灵,也养成了观察、思考、自省的习惯,创造了独属于自己的气质美,独属于飞非班级的文化美。

建设美好班级的过程中，学生以及教师都离不开各类审美活动：欣赏美的人、景、物，美化教室环境，创造美的作品等。其中各种形式、各种内容的阅读和进行文学类的创作也是审美活动的一方面。通过阅读对学生进行优美教育和崇高教育，通过诗歌创作和编排剧本表演让学生初步感受喜剧和悲剧的艺术魅力，从而引导学生进一步体验美的不同形态，以此"拓宽学生的审美视野，丰富情感体验，提高审美能力和审美意识"，增强和提升学生个体的思想价值观和道德素养，优化班风，丰富班级文化的内涵。

第一节　体验阳光阅读之趣

阅读，应该成为学生的向往，成为他们愉悦而优美的精神享受和审美体验。然而，正如一个低头走路的人，他永远看不见花草的绚烂，听不到鸟儿的鸣唱，嗅不着食物的芳香。他需要一束光的指引和一个群体的影响，才能停下脚步来调动感官体验世界的美好，引导学生阅读也是如此，故需要为其创建和营造班级阅读的环境和形式。

"阳光阅读"照耀着我一届又一届的学生在阅读的世界里拾级而上，学生因为"阳光"而阅读，因为"阅读"而阳光。"阳光"既是指明媚愉悦的阅读环境，也是指丰富多彩的阅读形式。

阳光的阅读环境可以激发学生的阅读兴趣，引导学生走进阅读的世界。

首先，给学生创设在校固定的阅读时间和阅读场所，营造班级阅读的显性环境。

周一到周五中午12：10和12：30是学生每天在校的固定阅读时间。阅读时间即将到时，班级的两位图书管理员就会在班级的多媒体上反复播放三遍事先录好的温馨提示："芝麻开门喽！请小书迷们带上课本走出教室到走廊上进入阅读的世界。"这条录音是班级的

"百灵鸟"思雨和"智多星"雨鑫联合配乐录制的,同学们都很喜欢这两位多才多艺而且知识丰富的女生,因此,她们声音的号召力是很强的。那为什么不让她们直接传达呢?首先,中午教室的环境相对吵闹,让两位班级"小女神"扯着嗓子喊同学们出去读书是不符合"美好班级"的气质和形象的。其次,要发挥图书管理员的督促和管理作用,让学生明白这个固定的阅读时间是集体约定俗成的行为,即开启阅读时不排除体现一定的强制性。当然,老师的引领示范也很重要,每天的这个时间段,我基本都是和学生一起站在走廊上看书的。如此一来,固定的阅读让班级的每位学生在中午形成读书的"条件反射",确保每个孩子一天至少有20分钟是沉浸在课外读物的文字当中的。

也许有老师会问,中午只花20分钟读书,时间是不是太短了?我也是这么认为的。但是,班级作为学校的一个组成单位,在形成自己班级特色的同时也要服从学校的时间管理。我们学校的12:30~1:00是统一的午休时间,由不同的任课老师来进行管理。我们班级的每个学生能在午饭后挤出20分钟来进行阅读,还得归功于他们对教室环境卫生的保洁,不用花时间清扫教室。当然,每天20分钟只是班级学生在校进行课外阅读的一个最基本的时间保障,因为中午的"阳光阅读",每一位学生都有读书的意识和行动,班级绝大部分孩子逐渐形成利用碎片化时间静心阅读的能力。

走廊是我们固定的阅读场所。这是一个明亮开放的阅读环境,头顶是高远的天空,楼下是郁郁葱葱的绿植和蜿蜒的小径,不同的季节空气里飘着不同的花香，老师和学生们靠在或趴在走廊的栏杆上安静阅读。这也是一个清新脱俗的阅读环境。我们在走廊的一边摆了两个小花架，花架上放着班花——茉莉花，淡雅的花香营造了一种相对清新的环境。花架边的墙壁上则按一定的形状和比例贴了每个同学阅读时的照片，这便让学生产生了对阅读的归属感。这更是一个轻松愉悦的阅读环境。事先帮助学生分好八个阅读小组，每组五至六个同学，阅读时允许组内同学轻声交流书里精彩的部分。因此，我经常可以捕捉到学生沉浸在阅读时的各种表情和同伴之间那会意一笑的眼神。如此不是"孤读"的阅读是愉悦的。

不可否认，一部分孩子会偶尔思想开小差，会被楼下跑动的身影吸引，会被其他班级的喧闹的声音影响，这是孩子的天性，而不是错误，不必大声去呵斥。因为孩子还有另一个天性，那就是更容易被身边的同学影响。当组里的其他同学在认真阅读时，个别东张西望的孩子你只需要悄悄拍一张照片然后走过去给他看一眼，他马上会把眼睛移到书本里。

令孩子们期待和雀跃的是，一周总有一到两天会遇上天气晴朗、微风不燥而且当天的午休课是我管理的日子。我带着学生，学生带上课外书去校园里开辟新的阅读场所：银杏林里、小池塘边、操场的桂花树下都留下了我们阅读的身影。给学生创造美妙的环境便可给学生带来阅读的新鲜感，这既是把孩子引入阅读世界的手段，也是他们在阅读时应有的诗意氛围。另外，我校每周二下午都是班主任的课程，故我和学校图书管理员商量好，每个月的第一周周二下午若是学校没有安排活动，带领学生去逛学校的图书馆。这样，学生在相关的区域尽情地浏览一下午的书籍，这是我们班级独享的精神大餐，带给学生别样的阅读幸福感。

给学生推荐多元有趣的书单，带领学生建立班级"流动"图书馆，生成班级阅读的隐性环境。

小学生的课外阅读书目需要老师或专业人员的推荐，这是毋庸置疑的。一是因为市场上的儿童读物种类繁多，小学阶段的孩子容易被低级趣味吸引；二是因为学生的课余时间本来就宝贵，我们需要孩子进行有效阅读。不过，这并不是说学生的阅读就非文学经典不可。漫画、绘本、诗歌、艺术、历史、科学等种类的书籍都可以推荐给学生看。这就需要老师自己平时要多逛书店，多看书，就像在商场里给自己挑选试穿漂亮得体的裙子一般，为孩子选择合适且有营养的书籍。不仅如此，老师还要结合一些教育专家以及作家的阅读理念为学生推荐多元而有趣的书籍。例如，我曾给学生推荐过这样的一页书单——"郑老师喜爱的经典漫画"，里面有我小时候看过的一些能给孩子带来积极影响的漫画，也有成年后看到过的优秀漫画，如《父与子》《猫和老鼠》《蓝精灵》《名侦探柯南》《老街童话》《三毛流浪记》《几米漫画》等。

随着学生阅读视野的开阔，他们的阅读需求越来越高，这就需要有一个班级的"流动"图书馆。"流动"图书馆的书籍来源有以下几个方面：一是师生捐赠，一个学期捐赠一本，这些书会一直在班级流传，直至毕业传给下一届学生，学生每个月月初在"图书去漂流"

会上借阅一本，在月末的"图书漂流上岸"归还到书柜里；二是以班级为单位，图书管理员向学校图书馆借书，两个星期为一个借阅周期；三是每个学生在月初问班级同学借两本书，仍然在月末的"图书漂流上岸"归还给对方。

与此同时，还要指导家长营造家庭阅读氛围，构建书香家庭，让阅读无处不在，无时不有。我们在家长会上进行"家庭书柜"展示；春假和秋假，以小队为单位在家长的带领下寻访"最美书屋"；取得家长支持后让学生形成"走遍天下书为侣"的意识，即孩子每次走出家门必须要带一本书放在包里，充分利用碎片化时间进行阅读，如孩子去培训班的公交站可以看书、饭店等菜上桌前可以看书、在公园里玩累了坐下来休息时可以看书，等等。

通过阳光阅读的环境构建，班级学生在课余生活中几乎都能自觉主动地拿起书本阅读，形成浓厚的班级阅读氛围，实现了阅读的第一步目标：文字和情感的输入。

阳光阅读的形式可以培养学生专注的阅读习惯，激发学生表达的意愿。

首先，利用晨读时间带领学生大声诵读诗词，感知语言的韵律美。

所谓"腹有诗书气自华"。这是因为中国古代诗词中的美好的意境和韵律之美给我们带来思想和情感的熏陶。而对于小学生来说，能直接给他们带来美感的是古代诗词的韵律之美，于是，大声诵读便成为学生感受诗词之美的第一扇门。我们班级除了周三，其他晨间的7：40~8：00是学生诵读古代诗词的时间。诵读的诗词内容是规定的主题诵读，例如，"离别之美"的离别诗词、"乡野之美"的诗词等，语文老师都有分类的意识和能力。学生在日复一日的晨间朗朗诵读中感受到了诗词中声韵的和谐美、平仄的抑扬美、结构的顿挫美、对仗的均齐美……通过晨间的诵读，加深了学生对古诗词和语言文字的热爱，提高了学生对古诗词的欣赏能力。

其次，利用寒暑假开展线上小古文背诵大赛，领悟古人的智慧与品行。

所谓"读书百遍，其义自见"。这句话是董遇劝诫其乡里人利用"冬者""夜者"和"阴雨者"的空闲时间来反复熟读书中的内容，才能真正领会书意。学生在已经养成利用碎片化时间来进行课外阅读的习惯后，我又帮助学生更好地利用了寒暑假的时间来背诵小古文。一开始我让学生自由组成六个小队，每队6~7人，并组建了六个微信群，每支背诵小队都推选了队长和取了属于自己的队名。一般寒假我们会安排五次背诵比赛，暑假则安排十次，这样一个学年下来，学生至少背诵了十五篇小古文。另外，背诵的小古文的难度由浅到深，内容从神话故事到历史、名人故事再到哲理性的文章，每次背诵比赛均有相关主题，例如，"来自远古的传说"的神话故事、"小故事大道理"的寓言故事、"人间自有真情"的人物故事和"祖国的山川之美"的写景类小古文等。一次比赛六个小队在一天中的不同时段进行，因为微信群的视频功能只能9个人同时进行，另外也是为了避免学生在线时间过长影响视力。在2020年春天那段停课不停学期间，我们也在"腾讯空中课堂"进行了全班性的古文挑战赛，将曾经背诵过的古文随机抽取进行比赛，比赛的氛围更加浓厚。因为有比赛任务，增加了背诵的趣味性，在很大程度上起到了促进的作用，符合小学生的心理。就这样，学生反复诵读古文直至成诵，养成了专注阅读的好习惯。又通过背诵古文，我们班学生逐步感受到古代神话的神奇之美和古人丰富的想象力，初步理解了古代君子的智慧和言行之美，以及古人对大自然的热爱和赞美之情，等等。

除此之外，配乐诗歌朗诵和讲故事也是小学生喜爱的阅读形式，他们乐于用自己清脆的童声和丰富的神情动作来表达对阅读的感受。

无论是音乐还是诗歌传入我们耳中时，都能给我们带来一定的美感和享受。学生需要这样美的熏陶，我要做的是指引他们为自己、为集体创造这样的音律美。配乐诗朗诵是一个能很好触发学生情感的阅读形式。每个学期，由我先开始，学生按照学号轮流在班会课上进行配乐诗朗诵，每周请三位学生上台。音乐声、朗诵声流淌在教室里，也牵动着每个学生的心灵，他们的眼神随之流动，表情随之变化，每次班会课前的这10分钟，是课堂氛围最轻松愉悦的时刻，也是学生心灵最雀跃和享受的时候。于是，朗诵者和倾听者都渐渐习惯和喜欢上了这种阅读的形式，这是声音的一种美的呈现，这也是学生阅读成果输出的一次美好的展示。因此，我们的学生乐于朗诵，在2020年春天那个超长待机的假期，他们在家里、公园、小河边的樱花树下，在爷爷奶奶田里的油菜花间美美地朗诵着一首又一首的诗歌，把网课之余的时间变得美好又充实。

我在给学生讲故事的过程中，发现了一个有趣的现象，即讲到精彩之处或他们有读到过的内容，一部分学生便会忍不住眉飞色舞地"插嘴"，和老师一起讲。我很欣喜有这个发现，这说明他们不仅喜欢听故事，也喜欢讲故事。个人认为，讲故事也是学生阅读输出的一种形式，且有显性和主动的特点，也是有效阅读的一种表现，更是学生深入阅读并进行理解的一种强有力的动力。一般来说，一至三年级时，我会利用谈话课、大课间等时间绘声绘色地给学生讲故事，吸引他们去故事中感受语言文字的魅力。到了四年级及以上年级，我会利用这些时间让学生来讲故事，促使学生在阅读时能一边读一边理解故事内容，能在脑海中形成画面，自主且深入体验阅读的美妙。都说有效的阅读就会生成有品质的输出，的确如此。不过，我从学生讲故事中愈加感受到，有品质的阅读就会有创造性的输出。你听，学生模仿不同角色讲话的语气和声调；你再看，学生在台上眉飞色舞的神情和惟妙惟肖的动作；还有听故事的人和讲故事的人以及作品引起共鸣时的掌声。这些，不都是阅读的再创造吗？不都是由阅读带来的美好享受吗？

阳光阅读的形式就是科学合理地引导学生的阅读由愉悦输入到消化输出的过程。《乐记·乐本篇》里写道："凡音者，生人心者也。情动于中，故形于声；声成文，谓之音。"小学生的声音都很清脆，但单纯的声音是没有美感的。学生颂读诗词和小古文、配乐朗诵、讲故事等，这样的声音就成了身边的人的审美对象，令人感到优美和愉悦。

《论语·述而》记录了关于孔子的一个很有意思的故事：子在

齐闻韶，三月不知肉味，曰："不图为乐之至于斯也。"韶乐的美让孔子达到痴迷的地步，以至于"三月不知肉味"，但精神仍愉悦无比。而让每位学生被书本吸引专注于阅读，体验在文字之旅中的愉悦和表达文字时产生的美妙享受也是我们"阳光阅读"的目的和意义。

《阳光阅读》李彤彤绘

现就读于杭州高级中学夏衍中学

第二节　品味优美与崇高

带领学生进行文学阅读，不仅是让他们享受精神上的高层次愉悦，更重要的是让他们懂得阅读也是品味美、欣赏美的过程。同时，学生在阅读中，也是班主任对学生进行优美教育和崇高教育的良好契机，从而更好地引导学生明辨是非，对人对事有更深刻的看法，激发对社会对国家崇高的情感，树立正确的价值观和远大的理想。

儿童阅读的审美特点具有鲜明性，他们喜欢鲜明的色彩，排斥结构复杂的关系，且爱憎分明，故小学中低段的学生适合阅读绘本、童话等儿童读物，在阅读中受到优美的教育。随着年龄的增长，当学生进入小学高段，他们"自我意识、社会意识、道德意识、历史意识甚至全球意识有较大的发展"，审美的"情感投射能力也逐渐增强"，在阅读中经历对立、矛盾、冲突甚至是丑恶后，会产生思考，明辨是非，精神得到更高层次的升华，获得一种崇高感，这是高段学生阅读境界的进一步升华。故此阶段的学生适合品读中外名著以及一些名家的经典作品。

"优美是一种和谐自由的审美形态。"无论是成人还是孩子，都会直接被这种美的形态吸引,"产生愉悦、宁静、舒适、和谐的心理体验",特别是对于小学中低段的儿童来说,为他们创造体验优美的环境和途径,可以"使他们原来具有的活泼完整的生命得到充分自由的表现",由此而获得心灵与身体的健康发展,培养良好的情操,促进养成温和的性格与美好的品格。

如何通过阅读来对学生进行优美教育呢?我们班级以"我为绘本代言"和"我给诗词配画"体验优美,品味优美,展示优美。

众所周知,绘本的美在于精美的绘画、唯美的语言和新奇有趣的故事,孩子在阅读绘本时完全处在一种轻松自在的审美体验中。那么,小学中高段的孩子是否仍然提倡读绘本呢?我的回答是肯定的。只是,我们不能让孩子仅沉浸在画面与简单的故事中,而是应该随着孩子认知能力与思考能力的提升,以品味的方式带领他们进入意义的世界,能根据绘本的图片展开想象的张力与推测的能力,能从简单的故事情节初步进行哲学思考。

不可否认,在全民阅读的推动下,家长对自己孩子的阅读意识也随之变得强烈,他们自己可以看手机,但对于孩子阅读方面大部分人是不遗余力的。故当学生进入三、四年级时,让他们再读绘本,的确会觉得太简单了,也会生出"无聊"的情绪,这与在阅读中进行优美教育是相悖的。在这样的现状下,"我为绘本代言"的想法在我的脑海里孕育而生。当我在班级提出这样的阅读活动后,成功地看到了全体同学脸上的好奇与眼睛里的光亮。能引起学生的注意和向往,我心里自然是一阵窃喜。激发学生的参与意愿后,我仿佛嗅到了来自优美深处的味道。

　　"我为绘本代言"，代言了绘本的两个内容。第一个代言的内容是根据绘本的图画猜测故事情节的发展或者自编故事。我会在一个月中利用两个周末的时间，选择一本绘本，挑选其中的几幅图画，并把文字删除制作成课件上传到群里，让学生根据图片猜测故事情节的发展并在群里接龙。孩子们在群里五花八门却不失逻辑的猜测是我和家长们周末的"快乐大餐"。有人说我们成人的世界很坚固、很复杂，不容易打动。其实不然，只是我们没有遇见有趣的言语与事物。我和家长就常常被学生们的童趣而打动，这对于我们大人来说，何尝不是一种优美的教育呢？孩子的潜力是无穷的。渐渐地，有些孩子对于猜测故事情节的发展已经意犹未尽了，萌发了创编绘本的想法，这太令人惊喜了，当然欣然推广提倡，但不强求。因为若是强求，学生便有压力，便不喜欢这个"代言"活动了，那我们在阅读中的优美教育就有可能面临失败的风险。于是，一个学期，班级便会有那么几本集美文美图且能说明一个道理的原创绘本诞生，不仅在同学们之间传阅，也在老师和家长之间传阅，这又是对我们这些所谓"顽固"成人的一次优美的教育和心灵的柔化。

　　第二个代言的内容是根据绘本简单却唯美的语言与情节进行哲学思考，可以提一个问题并试着解答，也可以用一句话来书写对绘本的感悟。在成人的阅读世界里，"有一千个读者就有一千个哈姆雷特"，在学生的阅读世界里，也有这样仁者见仁智者见智的观点，且进入小学中段的学生应该具备这样的阅读能力与素养。我一般会在一个学期中和孩子共读三到五本的经典绘本。怎么共读呢？还是把绘本制作成课件，利用多媒体放映。第一遍读是图文结合，一边看图一边读文字。第二遍读是把整本绘本的文字内容放在一张没有背景的页面上，我们只读文字，并选一段自认为精彩的文字进行反复读。第三遍读则是师生每人提一个问题或者说一句感悟。学生发自心灵深处的提问和感悟我都有录音，课后再整理记录，然后再次发给家长进行阅读赏析。这些还不足以展示学生对绘本阅读的理解，于是，我又将同学们的"金句"全部打印下来，发给每一位学生。让他们制作书签，自主挑选一句喜欢的话，写在书签上，并将书签保存好。在母亲节、父亲节、教师节等节日，送给师长。如果说这是我给他们进行优美教育，那么，学生这样也是一种"反哺"，又一次给予了我们大人优美感。

如此，学生从绘本的图画中读出文字，从简单的故事中悟出哲理，从体验优美到品味优美和展示优美的提升，这个过程对他们来说既是自发愉悦的精神享受，也是个体思考能力的成长和生命价值观的再次确立，个人认为这是通过阅读对学生进行优美教育的一种方式，对学生的影响是积极和深远的。

上一节有讲到通过晨间诵读诗词和配乐朗诵现代诗引导学生走进诗词，在诵读中感受诗词外在的韵律之美。古人说："诗以言志，文以载道。"王国维也曾说："词以境界为上。"由此可见，我们不仅要让学生在诵读之中体会诗词的外在之美，更需要通过有趣的方法来陪伴和引导学生体验品味诗词的内在之美——情感和意境。

对于小学生来说，品味诗词的优美不应该是独立的审美行为，若是和艺术——音乐与美术结合，会生成更优美的体验。故无论是在诗词教学的课堂里，还是课后的诗词阅读，我都引导学生去想象诗歌表现出来的画面与意境，呈现诗人的写作背景和学生一起感悟诗人的情感，告诉他们"诗画是一家"，以此鼓励他们每读完一首诗，能尝试着给诗词配画。我们知道，三、四年级的学生的审美行为更乐于形象表达，因此"我为诗词配画"极大地激发了学生思考品味诗词的兴趣。

当然，在此之前，我们要教会学生如何借鉴如何配画。语文课本里的插画是一个很好的学习范本。除此之外，利用课余时间给学生推荐一些名家的题画诗，如王维的《画》、苏轼的《惠崇春江晚景》、王冕的《墨梅》等，并告诉他们一些优秀的古诗词插画的APP等。学生作品看得多了，慢慢地就能拿起画笔画出自己心中关于某一首诗词的画面与意境了。不过，学生能力有高低，我们要以鼓励为主。另外，在"我为诗词配画"的活动中，要有展示的平台，因为来自同伴、老师和家长的肯定和欣赏有很重要的激励作用。

就这样，学生一次一次地通过插画来呈现自己在读诗词后脑海里的美好画面与感悟，他们对诗词的美感越来越强烈，欣赏和创造的意愿也越来越强烈。渐渐地，当学生读到一首诗或词，脑海里就会不自觉地构图，仿佛每个文字，都有相应的图形与色彩。当学生有了这样的条件反射与能力，我认为这就是读诗词时的优美享受。不仅如此，当学生看到一幅画或者一处美景时，脑海里也会不自觉地浮现出相应的诗句，甚至会主动创作一首诗。

我总是用我手中的相机记录下学生在学校的每一个有趣的美好的时刻与画面，但更想保存孩子们灵气和思想上的火花。于是我根据学生的能力和心理特点，设计了"我为诗词配画"的阅读活动，以此从诗词中构建出画面，以具体形象的构图和色彩镌刻展示诗词之优美。人人品味优美，人人传递优美，优美便有了更多的体验途径。

　　孟子说："生，亦我所欲也，义，亦我所欲也，二者不可兼得，舍生而取义也。"活下去，是人的本能，舍生取义则是一种崇高的道德感。而"义"对于小学生来说是一个非常抽象的概念，可思想品德课上、社会舆论宣传却不断地灌输与渗透关于"义"的行为与精神。如果学生的思想和精神没有发展到一定的程度，所谓的"崇高"或许就是某一句口号或者是一个冰冷而遥远的名词而已。只有当学生经历了一定的矛盾以及与优美相悖的事件，思想上受到冲击后，才能逐渐体会崇高的意义，才会明白崇高是人生发展必须具备的美好的精神力量。因此，对于中低段的学生来说，崇高感很难建立起来。但是当学生进入小学中高段以后，社会意识、道德意识逐渐发展和成熟，思想上比较容易接受崇高的教育了。例如，在2020年春天发生的那场可怕的新型冠状病毒中，幼儿园和小学中低段的小朋友知道外面很危险，不能出门，出门一定要戴口罩。而四~六年级的学生，他们在这样的事件中，心灵受到强烈的冲击，会发自内心地感受到医务人员的伟大，从而真真切切地从内心升腾起对医务人员的崇高敬意和对祖国的无比热爱之情。

　　当学生进入小学高段，我便有意识地利用阅读的方式，引导学生在已有优美感的基础上进行崇高的教育。通过关注"时事新闻"和结合"每月花香"的主题阅读,开展读书沙龙,品味人性的伟大和崇高的民族精神。

随着自媒体的发展,学生获取信息的渠道越来越多,但我们班仍保留了一个非常传统的阅读内容,即看报纸。因为报纸上宣传报道的人物和事件相对来说都是真实的,在一定社会矛盾的背景下凸显人物的正能量。且学生接收到的都是社会热点事件,发生的时间与他们的学习生活是同步的,容易引发他们的思考,在道德感与价值观上也有一定的引领作用。我通常会建议家长给孩子订一份报纸,基本是杭州本市发行的,诸如《都市快报》《青年时报》等。学生放学回家,可以先阅读报纸,再写作业,这样的建议与安排是很受他们欢迎的。你想啊,学校是一个相对封闭的环境,放学后能接收一些学习之外的信息,对于充满好奇与求知欲的学生来说,谁会不愿意呢?

学生每天读报纸,时间长了,逐渐形成思考的习惯和能力,看待事物初步有了辨证的意识,有一定的思考和见解。同时积累了很多各行各业的先进的人物形象和精神,便不会对某些肤浅的人物产生盲目的崇拜。这对于他们的成长是非常有利的。学生通过关注"热点新闻",所谓"义"便以动态的形式与言之有物的内容逐步植入学生的心中,而不是空洞无物的抽象概念。

随着年龄的增长,学生进入小学高段,他们的情感投射能力也随之增强,"倾向于把对象感知为有情感意味和幻想色彩的事物"。其中,对象征意义的理解能力也得到进一步的提高,看到相关事物总是想赋予其一定的情感与意义。根据学生这样的审美心理特点，我又在班级进行"每月花香"的主题阅读：学生先去查阅每个月开放的花朵以及关于此花的传说和人们赋予它的花语，然后师生共同选择一本相应的文学作品或者人物传记共读之，最后在月末的某节语文课上开展阅读沙龙活动，共同交流探讨作品中所体现的人物精神和民族精神，这样的主题阅读既为阅读形式增添了趣味，也为在阅读中进行崇高教育开辟了一条受学生欢迎的蹊径。

接下来以六月份的"每月花香"主题阅读为例来具体阐述。六月开得最盛的花是荷花。月初，我们就去校园的小池塘欣赏盛开的荷花与莲花，种植委员也在教室里的生物角摆上了一小玻璃缸盛开的睡莲。主题阅读的环境氛围有了，学习委员利用早读课给同学们简单介绍了荷花的花语以及与此有关的名人典故。与此同时，我也给学生布置了一项作业：查阅资料，理解并背诵周敦颐的《爱莲说》。我再根据学生自身的阅读能力分成四组，在接下来的三周时间进行相关的阅读与活动：第一组的同学查阅荷的生长环境以及功用，并制作书签进行展示；第二组同学查找和荷花相关的古今中外的美文，并作摘录（班级有专门设计了荷花元素的摘录表）展示；第三组同学查阅关于周敦颐的人物传记，并对人物的品质进行赏析，制作手抄报进行展示；第四组的同学负责整理前面三组同学搜集的相关资料，准备月末关于"荷"的主题读书沙龙。通过这样的分层阅读，学生从不同角度、不同层面去感悟"荷"的象征意义以及与此相关的人物品质，最后通过读书沙龙的交流，进一步体会荷"出淤泥而不染"与环境抗争的过程，汲取像周敦颐那样崇高的文人如何突破对立与束缚实现人生价值的伟大精神力量。

小学生的学习生活是无忧无虑的，人类的童年的确需要稳定优美的环境来成长，这样才能形成美好的人格。但是，人总归要成长，需要经历挫折和奋斗才能让生命得到升华，这就是崇高的教育的意义。当然，学生不可能去经历艰苦的境遇，他们所遇到的最大挫折大多与学习有关。那如何激发他们积极进取的精神呢？由上所述，通过阅读是一个很好也很重要的方法，特别是去读那些人物传记，与历史或现实中的伟大人物感同身受，便可在一定程度上提高学生的精神趣味。

《图书馆门口》刘鑫雨绘

现就读于杭州市笕成中学

第三节　展示文学创作之美

营造美好的阅读环境与开创丰富的阅读形式，是为了引领学生主动愉悦地走进阅读。开展丰富的阅读活动则是带领学生深入体验品味阅读的优美与崇高。前两节的内容也说明了学生深层次阅读后所形成的对文字的理解能力与感悟作品中人物的精神，其实是对文学作品的再创造。朱光潜说：言是有限的，而意是无限的。可见，文学作品的再创造不仅仅局限于阅读与鉴赏。如何让学生在阅读过程中能结合自己的审美经验，去补充、丰富和发展作品中艺术的形象内涵呢？则需要激发他们的想象能力，引发更多的创意火花。鼓励学生书写童诗、编排课本剧是我们班学生创作的主要途径。学生在丰美的创作中，对生命有了更深的感悟，对人生有了更多的自信，与此同时也极大地丰富了班级文化的内涵。

个人认为，现代诗歌尤其是儿童诗有着淳美凝练的文字和唯美灵动的意境，读诗、写诗都是对美好生命的深度体验。我跟学生们说：我们班的每个同学都是我工作中的一首诗。我们的生活、学习就是一首诗，我们看到的、闻到的、听到的、想到的，大自然中的花草树木、鸟兽虫鱼，甚至是一粒尘埃，只要展开想象赋予生命，都可以是一首诗。

我是这么说的，也是这么做的。我在朋友圈发布的每一条动态，都是以诗歌的形式创作的诗，以至于很多家长会把我的朋友圈动态收藏起来留给孩子学习；班里每一个学生的生日那天，我都会写在一张精美的书签上摘录或创作一首诗送给他。渐渐地，学生们明白了写诗的方法和意义：拥有一颗细腻的心灵，去观察身边的人和物，真诚善良地对待学习和生活。他们也体验到了儿童诗的美学魅力：充满天马行空的想象和赏心悦目的意境。

在这样的影响和带动下，学生愿意走进诗意的世界。他们在我的推荐和陪伴下又读了一首首中外优秀的儿童诗，穿越时空与古今中外的诗人进行对话，体会诗人纯洁的灵魂。读着读着，学生看待事物便有了诗意，再加上小学生丰富的想象力和天生对语言的敏感性，他们观察和思考这个时间的视角是独特的，书写的诗歌有着独属于他们那懵懂却纯真的特点。

学生的创作不仅需要来自教师的影响和示范，当他们看待身边的事物形成了诗意思考时，就需要教师创设不同形式的活动来引领和指导其创作诗歌了。首先，我以语文课本里出现的儿童（现代）诗歌单元为切入口，举行关于诗歌的综合性活动。中低段的学生是补充或仿写儿童诗，为他们提供一些与本单元内容素材相近的儿童诗，或体现儿童课余生活的叙事诗，或抒发儿童情感的抒情诗，或富于幻想和夸张色彩的童话诗等。学生读完之后有时留出空白让他们补充，有时提出相应的问题，让他们仿写其中的一节。高段的学生则是提供主题进行自主创作：为他们提供多首不同素材的儿童诗或现代诗，引导关注鉴赏这些诗歌的写法，体会写法的妙处。之后再开始创作诗歌。对于中低段的学生主要从内容上进行指导创作，高段的学生则更侧重于表达上的要求了。这就是根据学生的能力有着不同的创作要求和创作形式，这样才能更好地激发学生的创作意愿，否则，不是让学生知难而退，就是让学生觉得无趣。

大自然给我们人类带来无法估量的财富，其中最大的财富就是不断地赋予我们以及孩子们无限的创造灵感。日本著名词作家荒木丰久先生创作了一首非常经典的《四季之歌》，从二十世纪六十年代传唱至今，经久不衰。如果说作词家和作曲家给了我们艺术的享受，那么，他们的艺术灵感源于哪里呢？当然是大自然的四季变化。的确，四季在不同的人眼里有着不同的理解，无论是在农民眼里的春耕秋收，抑或是在时尚达人眼里的换季衣裳……其实四季的本身以及人们对四季的感受，我们都可以让学生去看、去听、去思考、去想象，让他们领悟四季就是一首首节奏明快、情感丰富的诗歌。

于是，我又带领学生进行了"四季的歌"的主题诗歌创作活动。我和学生一起走进校园的每一处地方，也让家长带孩子走进大自然，去闻花草树木的清香，去听风声和鸟虫的鸣唱，去分辨每一片树叶和花朵的色彩，去抚摸树干和冰霜，去捕捉让我们心动的瞬间……学校花园里的第一朵海棠花、桃花、樱花是我们班学生发现的；学校池塘里的蝌蚪和荷花也是我们班学生第一个来向我汇报的；学校桂花道上的第一缕花香、银杏林的白果是我们班学生看到和闻到的；我们班学生不仅可以向他人描绘雪花的形状，甚至连落叶上落霜的手感也可以生动地表达……同一个地方，不同的季节所呈现出来的景和物是不同的，带给学生的体验和感受也是完全不一样的，他们由此产生了天马行空五彩缤纷的想象。与大自然的四季有了如此亲密的接触后，通过诗歌来表达大自然的美好与内心的喜悦，通过诗歌来展示班级文化的灵动与魅力，便是自然而然的事情了。

学生书写童诗，感悟生命的美好。我们学校的老师们总是开玩笑说，飞非班是诗人班，飞非班的孩子一走出来就是一种诗意。孩子们就这样读着写着，逐渐拥有一颗细腻、敏感的心灵，也养成了观察、思考、自省的习惯，创造了独属于自己的气质美，独属于飞非班级的文化美。

戏剧美是艺术审美形态之一，世界上三大古老的戏剧文化形态是希腊的悲剧和喜剧、印度梵剧和中国戏曲。戏剧因为有着独特的艺术魅力，随着人类物质文明和精神文明的发展有了更多的表现形态。个人认为，童话剧和课本剧便是现代舞台戏剧的产物。顾名思义，童话剧是以童话为内容、戏剧为形式创作的故事。课本剧也是一种舞台的故事表现形式，把课文中叙事性的文章改编为戏剧形式，以戏剧语言来表达文章主题。柏拉图说过：谁会讲故事，谁就拥有整个世界。如果让一群学生站在舞台上把故事演出来，那对于演绎的个体以及整个班级来说又是一笔怎样的财富呢？

全美最佳教师雷夫·艾斯奎斯创造了第56号教室的奇迹，这也是一间充满着艺术气息的教室，教室里的每个个体通过编排戏剧进行着艺术创造，由此张扬个性，发现并实现个人价值。每年他班里的学生都会出演一部完整的莎士比亚戏剧，有人甚至漂洋过海来看"小小莎士比亚"的演出。雷夫先生的金句"过程就是一切"给了我深刻的启发：组织学生编排表演童话剧和课本剧的过程就是一个对文学作品的再创造过程，也是学生展现个人之美和创造美的过程，更是完善学生性格和提升班级精神的一个过程。

在小学中段，我根据学生的年龄特点，带领他们在六一节、元旦表演童话剧。当然，由于学生在此阶段的文学创造能力有限，表演的剧本由我进行改编。上一届学生在三、四年级的四个学期里，表演过《丑小鸭》《小红帽》《豌豆公主》《牛郎织女》四部童话剧，每一次表演都给学生、任课老师以及家长留下深刻的印象。已经毕业的学生回忆起童年往事，至今对表演童话剧这件事津津乐道。还有学生说表演童话剧，极大地激发了他的想象与创造能力，奠定了他的文学创作之梦。

当然，在正式表演之前，我们做了很多准备。首先是我和学生共同阅读古今中外的经典童话和神话故事，共同选择最喜欢的故事来编排剧本。其次是观摩经典的童话剧。每个学期杭州话剧团都会来学校为学生表演童话剧。学生观看前我就引导他们不要仅被情节吸引，还要仔细观察舞台的道具、演员的服饰和表演等，想想童话剧为什么能如此扣人心弦。除此之外，课余时间或假期也会有意识地推荐学生观看童话剧的视频，思考一场精彩的表演所要具备的条件。最后是表演童话剧是班级的大型活动，需要取得每一位家长的认同和支持，家长志愿者和家委会的协助也非常重要，他们会参与舞台的布置、服饰的选购、学生课余时间的排练等。此外，每个学生也要参与其中，没有参加表演的同学要做好幕后工作。我给所有的幕后工作组都冠以相应的头衔：导演、舞台设计师、服装设计师、摄影师、推广宣传员……如此极大地激发了所有人的积极性，大家团结协作，共同为童话剧投入自己的灵感和智慧。只有这样，当童话剧结束时，每一个人都能得到精神上的满足和对自我价值的认可。

到了小学高段，我们则进行课本剧的表演。此时，五、六年级的学生已经具备了一定的剧本创作能力，我有意识地培养了几位学生担任课本剧的编剧，组成一个编剧团队，并逐渐形成"金牌编剧"团队。在高段，我们同一个剧本一个学期分批表演两次，一次是在六一节或元旦进行，另一次则是在家长会和运动会的入场式中表演。这样舞台与幕后就可以进行角色互换。每一个人都既可以体验舞台上的光鲜与掌声，也可以享受幕后创作的满足与充实。而且，同一个故事由不同的人编排和表演，且在不同的场合表演，会引发学生进行更深入、更全面的思考，从而产生更多的艺术火花，带给学生的精神冲击会更强烈。到目前为止，我所担任的班级学生编排表演了如下课本剧：《晏子使楚》《草船借箭》《完璧归赵》《美猴王》《汤姆索亚历险记》等。

五、六年级的学生已经能敏锐地从文学作品中发现人物与现实的冲突矛盾，在编排剧本和表演时，他们都能有意识地反映和突出矛盾所体现的张力——通过人物的台词和动作来表现作品中人物的鲜明形象和推动情节发展。无论是台前还是幕后，他们都会认真仔细地讨论思考以下问题：如何设置悬念以吸引观众？如何形成紧张的氛围以增加情节的精彩度？如何选择服饰和音乐来增添舞台的美感？等等。经过一次次的协商与实践，学生的文本解读能力、文字创作能力、舞台表现能力以及审美能力等都得到一次又一次的突破。在这个过程中实现了学生展示自我，释放生命因自信而产生的美好，以及其他的一些发展可能性。

第七章

斑美班本
促进成事育人

教育要给学生打开的是尽可能多的窗,让孩子们窥探到更多的美。

"斓美"这个词语，是我造的一个词语，我是把"斑斓"一词拆开了，试图以此表达丰富多彩的美。

　　前述所有章节叙述的重点聚焦在班级内部。我们知道，无论井底的青蛙看到的天空有多美，但视野总是井口那么大，而教育要给学生打开的是尽可能多的窗，让孩子们窥探到更多的美，于是就有了我的"斓美班本"。试图通过系列班本课程把孩子的眼界引到校园、引向杭州、引申到更广阔的天地。

《杏林寻宝》季叶伊绘

现就读于杭州天成教育集团

第一节 斑美校园课程

当我们看到某地的美景或者感人的事迹，就会发出由衷的赞叹，进而产生爱或感动。因此，"美"可以激发人积极的情感，如果学生有一颗细腻的心灵，就会被身边事物感动，产生独特的审美情趣，发现更高层次的美。当学生能时刻感受到校园的"美人""美景""美事"的时候，他们的内心就会感动于灿烂多彩的校园生活，就会由内而外地对校园产生自豪感与归属感。通过"斑美校园"的系列班本课程，让学生萌发"今天我以学校为荣，明天学校将以我为荣"的情感，并随着课程的开展将此热爱校园的情感逐步根植于学生的心中。

那么"斑美校园"的班本课程包括哪些内容呢？见表7-1。

表7-1 班本课程

课程名称	课程内容
校园美人	观察美人行为：记录言行的文明之美
	采访美人事迹：思考事迹的价值之美
	演说美人形象：宣扬形象的精神之美
校园美景	一年四季的变迁：观赏四季景物的规律之美
	一株桂花的倾诉：欣赏开花结果的生命之美
	一场永恒的陪伴：鉴赏校园建筑的匠心之美

续表

课程名称	课程内容
校园美事	追寻建校历史：铭记校史的传承之美
	寻访民族文化：探究文化的多元之美
	hua民俗运动会：体验竞技的拼搏之美

"斑美校园"系列课程着眼于校园的"人""景""事"，在"以活动带领学生认识美、体验美，提高审美认知和增强对校园情感"这样的总目标下，设计不同的课程内容。本系列课程实施的步骤有一个共同点就是先带领学生进行审美活动，然后进入课堂进行总结与升华，抓住活动的美育效果。

"校园美人"的三块内容是呈纵向的阶梯模式，即按照"观察——采访——演说"这样的顺序进行，贯穿于四年级上册的整个在校时间，即自秋季开学9月初一直到临近期末的12月底。本人除了刚入职第一年从一年级开始带班，其余都是从三年级开始接班带中高年段。由于三年级接班伊始就开始从个人形象上培养学生的审美情趣，又通过"礼仪"和"日记"的训练和熏陶（见前三章内容），学生在学习生活和为人处事中，逐渐形成积极和主动的审美意识。再加上学生进入四年级后，学生个人的主观意识增强，在看待和评价身边的人物时有了自己的观点，同伴的影响力逐渐增强。在此基础上开设"校园美人"的班本课程既是水到渠成的事儿，又是引导学生热爱校园和提升自我的一个具象而有效的途径。

"校园美景"课程设置在四年级第二学期和五年级第一学期的

在校时间，贯穿于一个完整的年度。前两部分内容由面到点，融会贯通。在学生体验到校园植物四季变迁的规律之美后，引导学生去践行遵守校园的规章制度，规范个人的言行，过有规律有规则的校园生活，在实践的过程中展现规则之美，这是"一年四季的变迁"的课程内容。规律与规则，也是生命之美。学生在认识和感受校园景物的四季变迁的同时，又把着眼点放在校园的桂花树上，因为校园里的主干道上栽着两排桂花树，校园的银杏树林和小花园、小果园里也栽有桂花树，同时桂树也是杭州市的市花，是学生最为熟悉和与之有较浓情感的树木。因此，在秋天和冬天，我们特别设计了"一株桂花的倾诉"的课程内容，进一步升华生命中的规则之美。学生从看到第一枝桂花苞、闻到第一缕桂花香开始，到花期结束、结出绿色的小果子，历经两个季节，通过调动各种感官观察，拍摄照片、查阅资料和制作漫画或绘本，全身心地欣赏感悟这一场生命之美：在合适的时间开花，尽情散发清香后适时落幕，再孕育果子。经过课堂提炼与深化后，学生体验到了生命最本真的美：遵守大自然的法则，过有规律的生活，做有规则意识的个体。

　　个体的言行遵守有规律的"变迁"，精神才能"永恒"。和成人探讨"变迁"与"永恒"尚且是一件难事，更何况让小学生理解这样的哲学思想，更是难上加难。但是生命之美往往就体现在这样看似矛盾却是统一的过程。学生需要这样的审美体验，只有这样，才能长期地、恒久地贯彻落实校园中的各项规则。在设计"校园美景"课程伊始，本人就思考，如何进行变化与永恒的统一，所以此课程务必要设计"一场永恒的陪伴"的内容。此部分内容就是带领学生鉴赏校园建筑的匠心之美。从建筑的造型设计、用材选择以及平时的校园维护等角度来进行一系列的审美，体验感悟用心做每一件事的价值与意义。

"校园美事"课程的"追寻建校历史"和"寻访民族文化"这两部分内容设置在五年级第二学期的在校时间。"hua民俗运动会"这部分内容则是每个学期民俗运动会结束后进行。"追寻建校历史"是继鉴赏校园建筑的匠心之美的延续。学生通过访问老师和查阅资料等途径，明白学校的办学初衷，心怀感恩，传承校园精神。在学生铭记校史的传承之美后，进行此课程的第二部分内容——"寻访民族文化"。我校学生来自全国各地多个民族，是浙江省民族团结进步重点培育单位、江干区民族团结示范基地，蕴含丰富的民族文化资源，是校园文化的重要组成部分。学生通过寻访身边的同伴，探究多元文化之美，形成更丰富的审美体验，对校园的情感便更加深厚了。民俗运动会每年秋季都会举行，是培养学生集体荣誉感的一个很好的载体。如何在激发集体荣誉感的同时又让学生进行更高一层次的审美体验？"hua民俗运动会"课程内容就显得很有必要了。学生通过画与话运动上的精彩瞬间，来深入体验竞技场上的拼搏之美。

下面以《校园美景》课程之《一株桂花的倾诉》的简案为例，阐述课程的具体目标、实施过程以及课程效果。

一株桂花的倾诉
——欣赏开花结果的生命之美

一、学情分析

进入五年级，班级小部分学生开始发育了。刚刚步入青春期的孩子，特别是女生，在懵懵懂懂之中变得敏感又脆弱，总想尝试用一些大人的方式方法来解决内心的困惑和释放日渐丰富的情感。他们一边看不惯眼前的人和事，又一边渴望得到身边师长和同伴的认可。作为班主任，不仅要理解他们的言行，更要在"学习至上"的大环境下引导他们认识到生命的每一个阶段都是成长之路上不可或缺的，都是美好的，每一个人都可以做最好的自己。

二、课程目标

1.通过观察桂花形态和香味的变化，感受生命的规律。

2.通过查找资料了解桂花成为市花的原因，感悟生命的意义。

3.通过图文结合的方式总结归纳，升华对生命之美的认识。

三、课程实施时间

五年级上册，九月底至十二月，共计六课时。

四、课程实施过程

（一）慢慢走，欣赏啊

1.寻找第一支花苞（第一课时）

（1）走进校园，寻找花苞

教师通过观察，发现校园里有几棵桂花树上结出了点点花苞。提问：同学们有没有发现校园的桂树开花了？

师生走出教室来到校园，分头去寻找桂树的花苞。约好十分钟后在指定的地点集合，汇报寻找结果。

教师在寻找的过程中及时拍照。

（2）走回教室，分享收获

师生回到教室，待学生坐定，教师一边投屏刚才拍到的照片，一边介绍自己的观察所得，分享的内容包括花苞长在哪棵树上，对花苞形状和香味的评价，以及自己对开花后的一系列猜想。以此给学生进行分享收获时提供扶手。

学生分享观察收获。

教师引导总结：花苞虽然很小，很不起眼，但可以给我们带来无尽的期待。这就是生命萌芽的美。就像你们小时候，那么小，却惹人怜爱，给家里人带来欢乐和希望。

（3）课堂延伸，了解历史

延伸拓展：师生通过上网查阅资料，共同了解桂花的种植历史以及文人墨客对桂花的评价和赞赏。

（4）课后作业，留下痕迹

课后作业二选一：（1）书写日记；（2）画插画

2.细嗅芬芳，留下倩影（第二课时）

（1）闻一闻，选一棵树合影

一周后，校园里的桂树上挂满了桂花，整个校园沉浸在甜蜜的花香中。选择一个晴天，师生来到校园主干道细嗅两旁的桂花香，观察盛开时桂花的样子。

五分钟后，学生选择一棵喜欢的桂树，约上好伙伴请老师帮助合影。

（2）说一说，美在哪里

合影完毕，学生分成四小组坐在桂花树下的石阶上交流盛开时的桂花美在哪里。教师巡视并参与其中。

十分钟后师生回教室。投屏阳光下的桂花、阴影处的桂花以及学生和桂花合影的照片，并配钢琴曲《秋日私语》，师生静静欣赏。

教师根据之前小组交流的谈话内容进行引导提炼盛开时桂花的美：远看并不起眼，但香味早已入鼻。细看会发现桂花特别美：在阳光下闪闪发光，在阴凉处从容优雅，微风来时更是摇曳多姿，连落到水面上都那么好看。更重要的是，桂花总是一团团、一簇簇地开，并没有一味地突出个体。真正的美不是哗众取宠，而是用内在去吸引，所谓"你若盛开，蝴蝶自来"。

（3）尝一尝，食物的味道

教师提问：这么香，这么美的花能否一直留在枝头供人观赏呢？

视频呈现自魏晋以来的桂花糕点和饮品：桂花糕、桂花糖、桂花酱、桂花酒、桂花排骨、桂花酒酿圆子等。

师生共同品尝桂花糕。

教师提问：这么美，这么香的桂花到底能否留下来呢？

学生回答预设：花香可以留在我们的唇齿间，关于桂花的饮食文化则可以永留在历史长河。形体的消失不代表不能留下来。真正美的事物，真正美的生命，是可以一直流传的。

（4）课后作业，留下痕迹

课后作业二选一：（1）书写日记；（2）画插画

3.拾落花，作剪贴画（第三课时）

（1）赏析：林黛玉葬花

又一周后，校园的桂花落满地。

师生共赏影视《红楼梦》中"黛玉葬花"的片段（学生已在暑假看过原著）。

提问：你们觉得这一个片段美吗？美在哪里？

学生的回答（预设）：黛玉葬花的样子优雅好看；黛玉不舍得花儿逝去，给予它们葬礼，多么美好的心灵；黛玉表现出来的伤感，不觉得美……

根据学生的回答，教师肯定学生的审美感悟并进行提炼：黛玉葬花这个片段虽然给世人一种多愁善感的表现，但又恰恰体现了她对花、对美、对青春、对生命的尊重。花逝去本是生命的规则，但是黛玉懂得生命的短暂，她珍爱自然的生命，珍爱自己的青春和生命，所以她葬花的整个行为就是美的。珍爱生命就是一种美，是值得赞颂的。

（2）拾花：再次体验美

给每位学生发一个透明的小袋子，师生再次来到桂花林，拾捡落在草地上、花坛边的落花。

（3）制作：桂花剪贴画

师生回到教室，四人小组合作，开始制作桂花剪贴画。

教师拍照投影，十个小组的代表分别介绍剪贴画的创意，小组之间互相评价。

宣传委员将剪贴画张贴在教室外面的展板上，供大家欣赏。

教师总结：同学们拾起落花做成剪贴画，这也是对桂花的尊重，我们再把画贴在教室外面，让更多的人欣赏，老师觉得这样的行为比黛玉葬花略胜一等，因为我们是新时代的少年，对美的追求更热烈，对吗？

（4）课后作业，留下痕迹

课后作业二选一：（1）书写日记；（2）画插画

4.观察果实（第五课时）

（1）质疑：桂树会结果吗

进入十二月，教师发现校园里的桂花树结了很多果子。

课堂上提问：桂树会结果子吗？

学生回答（预设）：会开花就应该会结果；应该会，但是没有注意到；没看过桂花的果子……

师生再次进入桂树林一探究竟。

（2）观察：桂树的果实

学生在绿叶丛中寻找绿色的小果实。

给予学生充分的时间观察、交流，教师并参与其中。

（3）讨论：桂树的果实美吗

师生回到教室，教师组织学生讨论：桂树的果实美吗？

学生回答（预设）：桂树的果实像桂树一样朴实，毫不起眼，如果不细看，都不会被发现；桂树的果实绿绿的，虽然不起眼，但也很可爱……

教师根据学生回答总结：桂树在生命的每个阶段，都是那么从容，不争不抢，按照自然的规律履行生命的每个过程，既没有因为自己的普通而自怨自艾，也没有刻意地哗众取宠，这本身就是一种美好的生命状态。

（4）升华：生命之美

提问：桂树的果实有什么用处吗？

出示相关资料：桂树的果实有很多功效：化痰、生津、暖胃等。

升华：桂树的果实深知自己虽不起眼，但自身是有作用的。所以，有用就可以让我们的生命变得从容，这是生命最本质的美。

（5）课后作业，留下痕迹

课后作业二选一：（1）书写日记；（2）画插画

（设计意图：这部分活动从十月持续到十二月，由四个课时完成。让学生在观察、等待和实践过程中，初步感受生命在不同阶段所呈现出来的美：生命之初美在充满希望；生命繁华时美在给予和奉献；生命暮年时美在孕育下一代。每个人都应该珍爱与尊重自然的生命和生命中的每一个阶段。）

（二）细细品，感悟呀（第四课时）

1. 赏满城桂花

学生小组代表上台结合照片讲述本组成员周末在道路旁、小区里等地方欣赏到的桂花。

提问：为什么这个时节杭州到处飘满桂花香？引出桂花是杭州市的市花。

总结提升：桂花能成为杭州市的市花，可见它们有着丰富的寓意，即友好善良、吉祥如意。当一种花成为一个城市的象征，这便是其生命的最大意义了。

2.品"满陇桂雨"

教师出示"满陇桂雨"的风景和历史介绍。

师生共同诵读关于"满陇桂雨"的古诗，赏析诗意（《品桂》《山寺月中寻桂子》）。

提问：秋假你去游览过西湖十景之一的"满陇桂雨"吗？说一说你的游览感受。引出独属于杭州的桂花饮食文化和休闲方式。

总结提升：一种花给一个城市带来幸福感，还有比给他人带来精神的享受更有意义的生命价值吗？

3.悟杭州精神

引导学生举例说一说在杭州生活的感受：如邻里和谐、生活快捷方便、办事效率高、胸怀宽广善待外来者、到处充满人文文化等。

引出杭州精神：精致和谐，大气开放。

总结提升：桂花是精致的，也是大气的，它慷慨地散发出香味。无论是贫穷还是富有，无论是本地居民还是外来创业者，都可以享受这样的芬芳，都可以享受来自这个城市的温暖与幸福。让身边的每个人感受到美好，让每个生命都具有幸福感，这就是桂花的魅力，也是杭州这座城市的魅力。

（设计意图：引导学生把视野拓宽到校园外，提高到杭州赏桂的人文历史，进一步提升学生赏桂的广度和深度，让学生在感受杭州精神的同时，更好地感悟生命的价值和意义：生命是短暂的，但精神是永远的。同时，这一个课时的设计也是为五年级下册进行"悠美杭州"系列课程进行一个小小的铺垫。）

（三）久久忆，记录吧（第六课时）

1.共读观察日记

小组共读：互相阅读组内成员关于校园赏桂四个阶段的观察日记，欣赏其他同学的审美角度和情趣。

组内交流：分享组内同学令自己感动的描写和感悟。

自由发言：说一说校园赏桂的那些精彩瞬间和美好享受。

2.共赏桂花插画

屏幕呈现：配乐播放学生校园赏桂四个阶段的插画，共同回忆桂花从秋天到冬天的不同形态，再次感受不同阶段的生命之美。

交流讨论：你最欣赏桂树的哪个阶段？为什么？

3.共评优秀作品

小组评选优秀日记：通过民主投票评选出本组日记中"观察入微奖"和"审美独特奖"，奖励三张"艺术卡"。

班级评选优秀日记：将小组评选出来的优秀日记呈现在大屏幕上，评选出班级"最美日记"五篇，颁发证书并奖励五张"艺术卡"。

班级评选优秀插画：评选出班级"最美插画"五幅，颁发证书并奖励八张"艺术卡"。

教师总结：我们在欣赏桂花美的同时，又创造了美。让我们记住：每一个生命都应该遵守相应的规律，无论是在生命的哪个阶段，都应该展现出独特的美。希望同学们在我们校园里能发现更多的美，并用自己的思想和双手创造美，让学习生活充满趣味，给我们的生命增添更多的色彩。

（设计意图：学生的每一段审美体验都应该用不同的方式进行记录，同时在记录的过程中更是对美的一种创造。学生感悟到了桂树在不同阶段的形态之美和生命的价值，就是对自身的一种促进与激励，与此同时进行记录，便是思想的进一步提升。再通过同伴的评价与教师的奖励，则是对其积极行为的认同，由此产生更为深远的影响。）

五、课程成效及反思

学生随着年龄的增长，逐渐懂得一些人生的道理，明白什么应该做，什么不应该做。但是，往往会出现"道理都懂，但还是会迷茫"的现象，这时候如果教师只是一味地说教，根本没办法起到教育的效果。而带领学生去欣赏美、发现美和创造美，让学生在审美的活动中自然而然地感受到生命的和而不同之美，从而更深刻地认识到生命的规律之美。除此之外，学生在活动中和同伴一起行动，一起交流，产生审美的共鸣，则会对生命之美产生更深、更美的认识。这种同伴之间的积极影响，不仅会对学生的成长起到更好的帮助，更是在集体范围内形成一种美好的氛围。

1. 审美体验中感受生命的规律

进入小学高段，孩子逐渐有了自我的意识，面对成长中出现的的问题，他们总是尝试着自己去解决，却又不知道如何解决。于是一面排斥大人的建议又一面模仿着成年人的做法。例如，有的女生想要更漂亮,学明星的打扮,不知这样的装扮并不适合自己,反而弄巧成拙;有的男生学习生活习惯不好,受到身边更高年段同伴的影响,学大人喝酒抽烟,等等。这样敏感又懵懂的青春初期其实是非常需要被呵护和引导的,但是需要教师讲究一定的方法,让学生在不自觉中接受美好和正面的引导。

带领学生去欣赏和感悟桂树在不同生命阶段的形态美,学生们在集体的审美体验中,产生审美共鸣。学生真切感受到生命是有着一定的成长规律的,每个阶段都有独特的美,既要懂得遵守成长的规则,学会接受和面对学习生活中的不如意,又要激发积极进取之心,向美而生。

当然,在这个过程中,由于学生心智成熟程度不统一,课程的美育效果也是不一样的。少部分学生只对在室外欣赏桂花感兴趣,不能深入感悟,他们在桂花树丛中嬉笑、奔跑或者趴在地上看虫子。不过,这又有什么关系呢,说不定他们在嬉笑、奔跑和看虫子的过程中也有不一样的审美体验呢,至少这一部分人在当时是快乐的,那就不会毫无意义了。

2.审美理解中感悟生命的意义

每一场审美活动中都不应该局限于眼下,都应该拓展活动的宽度、广度与深度,以提升学生对审美对象的理解能力。学生在小区、公园、街道……杭州每一处都嗅到了桂花的香气,感受到了整个城市浸在同一种花香中的那种幸福感与凝聚感,必然会升腾起对这个城市的自豪与热爱。这是一种独特而美好的审美体验,如果没有有意识地让学生去寻找和感悟,这种审美理解是不会有的。通过感知"满陇桂雨"的赏桂历史和人文情怀，再次增强学生对桂树全盛开时的生命意义的感悟。

"一树花，香一城"——精致和谐，大气开放，这就是桂花精神，也是杭州这座城市的人文情怀与精神。学生在这样的审美理解中，在一定的程度上会理解生命的意义：认真对待每一次成长，从容接受成长中的所有，用自己的精致与大气给身边的人带来美好。

诚然，"生命的意义"对小学高段的学生来说，确实有些深奥。如何创造更加有效的审美途径让学生在充满趣味中感受抽象的意义，是值得教师进一步思考的。

3.审美创造中感动生命的美好

每一场审美活动，都应该有所创造，在创造中有所感动，在感动中有所收获。

我们大人常常有"踏破铁鞋无觅处，那人却在灯火阑珊处"的审美体验，即正处在审美对象跟前，似乎没有什么特别的体验，但有时候回顾的时候，往往会被一刹那的经典而感动了。在课程的最后一个课时，让学生分享在欣赏桂树的每个阶段的创作日记和插画，旨在引导学生养成记录美好的习惯，形成回忆美好的能力，从而让自己时时感动于成长过程中的美好。

不过，对于学生的作品，如何优化评价方式，如何通过评价养成良好的审美习惯，又是一个新的思考角度了。

为了规避"为活动而课程，为课程而活动"的弊端，在班本课程的实施过程中，要始终紧扣"成事育人"这一核心理念，在"成事"的过程中达到"育人"目的，"成事"目标背景下，思考"育人"效果的最大化；将"育人"蕴含在"成事"的过程中，在"育人"过程中成就事件的尽可能完美。故"斑美"校园课程并不只是按照时间或季节设计的几个课时而已，而是连贯且延续的活动课程。课程的设计是根据学情而设计的，在一系列的行为和情感铺垫之后再开始落实课程。更重要的是，课程的准备往往比实施过程更久更复杂和详细。只有这样，学生的审美体验才能得到进一步的升华。当然，课程的结束并不意味着活动结束了。我们的学生在班本课程的引导下，已经形成了主动审美的习惯，他们会被校园"美人"吸引；会观赏校园"美景"，敏锐地感受四季的变迁；会爱惜校园的每一处公物；会主动参与校园的每一次活动……这便是"成事育人"的结果，更是进行美育的初衷。

第二节 悠美杭州课程

我校的学生来自祖国的五湖四海，杭州是第二故乡。他们需要城市的归属感。而学生城市归属感的产生需要在一定的契机下通过一系列的实践活动来了解杭州的历史，感悟杭州的精神。通过项目式学习的方式，带领留杭过年的学生设计并实践"悠美杭州"系列班本课程，让学生有选择地深入了解杭州这座城市的文化艺术和精神内涵，深刻感受杭州在不同历史阶段、不同的文化层面所呈现的美。学生在审美体验中自然生成热爱杭州的情感，从而自觉产生对第二故乡的归属感。

都说"上有天堂，下有苏杭"。的确，杭州是一座历史悠久，极具文化底蕴和幸福感的城市，每一个来过这里的人都会爱上这里。我们的学生和家长也是如此。如果，仅仅是喜欢这座城市，学生是无法真正融入其中的，他们需要城市的归属感，即需要被这座城市的个人或团体接纳，从而在这座城市里感到踏实与安全。学生城市归属感的产生并不仅仅是通过家长有一份稳定的工作和一套固定的房子而形成的，也不仅仅是通过努力取得优异成绩而形成的，他们更需要在一定的契机下通过一系列的实践活动来了解杭州的历史，感悟杭州的精神。因为只有了解才会懂得，只有懂得才能融入，只有融入才会产生归属感。

杭州是中国七大古都之一，历史给杭州留下了众多珍贵的古迹和灿烂的诗篇：西湖、大运河、良渚三大世界遗产和灵隐寺、岳庙、六和塔等饱经沧桑的名胜古迹；钱镠、白居易、苏轼、岳飞、于谦等名垂青史的风流人物；西泠篆刻、蚕桑丝织技艺、龙井茶艺等文化遗产。

据历史考证，杭州地处浙北，早先曾是与钱塘江相通的浅海湾，是一座来自海洋的城市。因为南宋在此建都，它的一半基因来自北方。因此，这是一座典型的陆地城市，但它却来自海洋；这是一座典型的南方城市，但它却来自北方。南北文化的交融，海洋文明与陆地文明的碰撞，造就了杭州的文化与精神：大气、开放、进取、包容、精致、优雅、和谐、安宁。

于是，师生通过阅读大量的关于杭州历史和人文精神的书籍，再结合自身对杭州风景名胜和人文精神的了解，带领学生分项目设计并实践了"悠美杭州"系列班本课程，"悠美杭州"系列课程以纵向的时间轴为线，着眼于杭州的两段重要的历史、闻名于世的三件艺术瑰宝、四位深得人心的名人和被录入的世界遗产的三个地方，试图从这四个角度引导学生以及他们的家长深入了解杭州这座城市的文化艺术和精神内涵，深刻感受杭州在不同历史阶段、不同的文化层面所呈现的美。如此，学生在审美体验中自然生成热爱杭州的情感，从而自觉产生对第二故乡的归属感。

具体内容如图7-1所示：

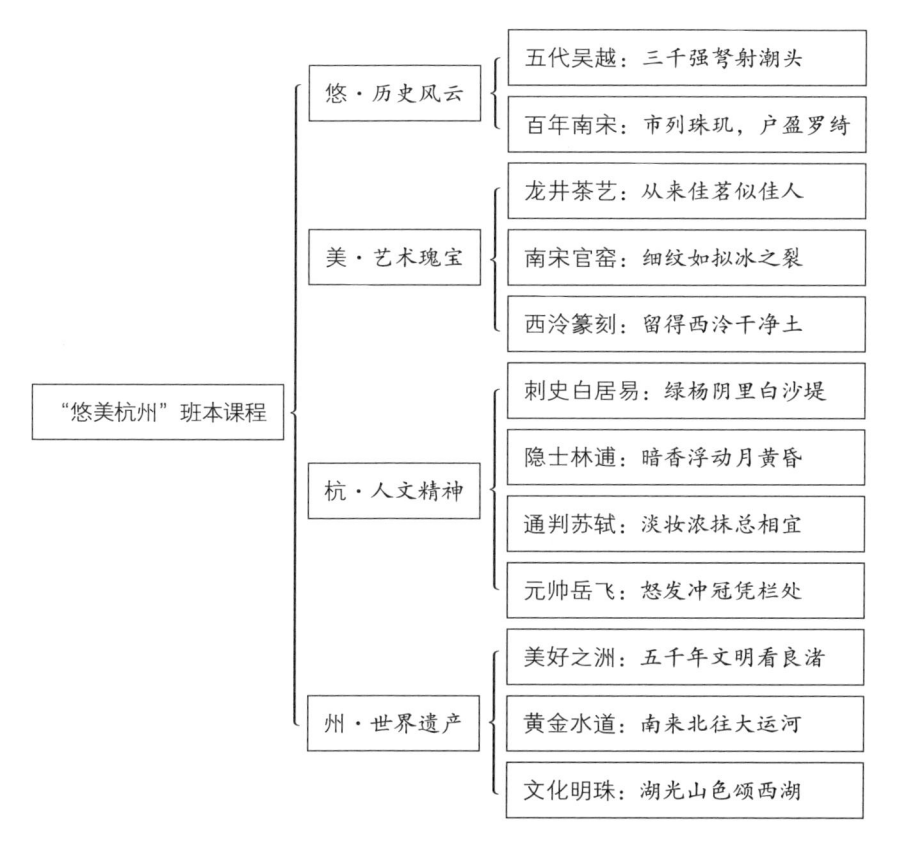

```
                            ┌─ 五代吴越：三千强弩射潮头
                  悠·历史风云 ┤
                            └─ 百年南宋：市列珠玑，户盈罗绮

                            ┌─ 龙井茶艺：从来佳茗似佳人
                  美·艺术瑰宝 ┤─ 南宋官窑：细纹如拟冰之裂
                            └─ 西泠篆刻：留得西泠干净土

"悠美杭州"班本课程 ┤         ┌─ 刺史白居易：绿杨阴里白沙堤
                            │─ 隐士林逋：暗香浮动月黄昏
                  杭·人文精神 ┤─ 通判苏轼：淡妆浓抹总相宜
                            └─ 元帅岳飞：怒发冲冠凭栏处

                            ┌─ 美好之洲：五千年文明看良渚
                  州·世界遗产 ┤─ 黄金水道：南来北往大运河
                            └─ 文化明珠：湖光山色颂西湖
```

图7-1 "悠美杭州"班本课程

学生在五年级秋假与寒假期间组成四个小队，分别选择一项课程内容进行实践。各小队根据选择的课程项目结合班名"墨香飞非"设计了小队名，小队具体参与的课程如下：

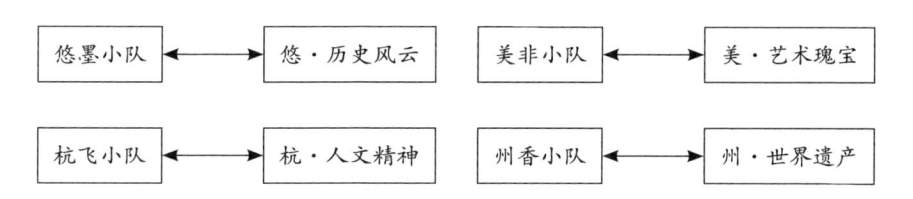

悠墨小队 ↔ 悠·历史风云	美非小队 ↔ 美·艺术瑰宝
杭飞小队 ↔ 杭·人文精神	州香小队 ↔ 州·世界遗产

151

下面根据课程的框架，分点阐述课程的内容和实施的方式与途径。

"悠·历史风云"系列课程着眼于一个"悠"字，既指杭州历史"悠久"，也包含着杭州自古以来悠然乐观的城市气质和悠闲舒适的生活状态，这便是这座"天堂城市"的魅力表现之一。学生进入高段，看世界的眼光逐渐拉长，他们不再仅仅满足于当下看到和感受到的，对曾经和未来都充满了兴趣，也产生了从各个角度和层面探索所在城市的精神需要。作为班主任，不能忽略学生这样的兴趣与需要，以合适的途径来加以引导，这将促进学生精神上的成长。当他们了解这座城市的历史，便是对这座城市产生归属感的第一步，同时，也会激发学生将来建设这座城市的情感与决心。

【课程 1-1】五代吴越：三千强弩射潮头

"民为社稷之本。民为贵，社稷次之，免动干戈即所以爱民也。"这是唐五代十国之一的吴越国建立者钱镠宝贵的"本民"思想。钱王有称王的能力，但安于一军十三州，为了保境安民，他甘愿俯首称臣拒绝称帝。

正因为钱王"乱世中的陌上花开"的浪漫和慈悲情怀，他带领民众治理钱塘江和疏浚西湖，告诫子孙后代以天下苍生为念，由此吴越于战乱中生产力免遭破坏，人民也免遭生灵涂炭，从而稳定和巩固了中国和平统一的政治局面。

此课共有三个课时，大致内容如表7-2所示：

表7-2 课程1-1

课时名称	实施时间	课时目标	课时内容
五代吴越：三千强弩射潮头	第一课时	通过了解相关故事传说和学习有关吴越王国的历史，激发学生兴趣	学习有关吴越王国的历史、临安钱氏家族资料以及民间相关的故事传说
	第二课时	了解吴越历代国王"保境安民"的思想和钱氏家训，感受钱王"三千强弩射潮头"的英雄气概和勇于拼搏的精神	参观钱王祠，了解吴越历代国王"保境安民"的思想和钱氏家训，以及钱氏后代的杰出代表
	第三课时	引导想象，深入感受钱王思想和精神	想象自己来到吴越国看到的一个场景，写一篇想象的文章或画一幅画

【课程1-2】百年南宋：市列珠玑，户盈罗绮

南宋在杭州定都的141年时间里，虽然历史有对南宋王朝"偏安一隅"的评价，但是这个朝代也是中国历史上经济、文化昌盛，对外开放程度较高的王朝，在这一百多年里，杭州呈现出如柳永《望海潮·东南形胜》词中描写的"市列珠玑，户盈罗绮，竞豪奢"的繁华景象，无论是诗词文化还是官窑瓷艺术，都达到了鼎盛的高峰，老百姓的生活也是相对安定平稳。

此课的内容共三个课时，大致内容如表7-3所示：

表7-3 课程1-2

课时名称	实施时间	课时目标	课时内容
百年南宋：市列珠玑，户盈罗绮	第一课时	学习了解南宋的诗词文化与市井生活，感受南宋文化与经济的繁荣	线上呈现相关诗词和动画，了解学习南宋的诗词文化与市井生活
	第二课时	了解吴越历代国王"保境安民"的思想和钱氏家训，感受钱王"三千强弩射潮头"的英雄气概和勇于拼搏的精神	参观位于西湖柳浪闻莺公园的钱王祠，了解吴越历代国王"保境安民"的思想和钱氏家训，以及钱氏后代的杰出代表
	第三课时	引导想象，深入感受钱王思想和精神	想象自己来到吴越国看到的一个场景，写一篇想象的文章或画一幅画

"美·艺术瑰宝"系列课程着眼于"美"字，按历史的顺序选取了龙井茶艺、南宋官窑和西泠篆刻这三个方面的艺术成就，培养学生高雅的审美情趣的同时，激发其内心对杭州独特的内在之美的崇敬与向往。学生随着年龄的增长，对艺术的审美不仅停留在审美对象的本身，例如，色彩、造型等，而且会有进一步探究的需要，试图通过了解审美对象背后的一些元素来进行想象或创新，以此丰富审美对象的内涵。作为教师，特别是班主任，在班级建设的过程中，应该具备细致观察学生的审美需求的习惯与能力，以及时捕捉到这样的审美发展。当我们的学生对这座城市的审美不再只停留在眼光可及的风光和建筑上，而是深入地去探究这个城市那些美好的艺术时，学生将会赋予这座城市更为深厚的情感，其归属感便会愈加强烈。

【课程 2-1】龙井茶艺：从来佳茗似佳人

龙井茶艺，萌芽于唐，发扬于宋，改革于明，极盛于清，可谓有相当的历史渊源。特别自南宋以来，西湖龙井茶逐步形成了独特的冲泡艺术，一般有八道工序，即初识仙姿、再赏甘霖、静心备具、悉心置茶、温润茶芽、悬壶高冲、甘露敬宾、辨香识韵。开展此班本活动课程，一是让学生通过观赏绿茶茶艺的清新优雅，从"茶"的角度感受独属于杭州的春天的气息。二是绿茶茶艺展示的过程中向我们展示的是新生的力量，是无限的希望，学生在这样的审美体验中感受自然与艺术结合的精神力量。大致内容如表7-4所示：

表7-4　课程2-1

课时名称	实施时间	课时目标	课时内容
龙井茶艺：从来佳茗似佳人	第一课时	观察新叶与旧叶的区别，感受萌芽的美；观察茶叶的生长环境，了解茶叶的生长过程和种植技艺	1.进入茶园观察茶叶以及生长环境；2.向茶农了解茶叶的种植技艺
	第二课时	1.了解龙井茶叶生产、文化的发展史；2.学习饮茶的方法和礼仪，感受丰富多彩的茶文化	走进中国茶博物馆参观学习茶叶生产、茶文化的发展史，以及关于茶的科学知识和饮茶礼仪
	第三课时	观赏茶艺表演，欣赏茶艺之美	线上观赏视频中的茶艺表演，欣赏苏轼笔下"从来佳茗似佳人"的茶艺之美

【课程 2-2】南宋官窑：细纹如拟冰之裂

宋朝是我国陶瓷业发展史上的一个辉煌的时代，特别是南宋官窑青瓷，如玉泉般的、庄重的、典雅的、神秘的自然美。让这种美震撼学生的心灵从而对杭州古代工匠的技艺而感到折服，为这个城市的历史流传下来的工匠精神感到自豪，是这项课程菜单所要实现的目标。

此课共三个课时，大致内容如表7-5所示：

表7-5　课程2-2

课时名称	实施时间	课时目标	课时内容
南宋官窑：细纹如拟冰之裂	第一课时	通过线上共读相关历史资料，了解南宋建都临安的原因	线上共读相关历史与作品资料，了解那一段了不起的历史
	第二课时	通过参观南宋官窑，欣赏体验"冰裂之美"	走进南宋官窑，欣赏南宋陶瓷的"冰裂之美"
	第三课时	通过线上交流，深入感受陶瓷之美所体现出的工匠精神	线上交流对南宋官窑的审美体验，进一步感受工匠精神

【课程2-3】西泠篆刻：留得西泠干净土

篆刻艺术是中国独特的极其宝贵的文化遗产，它融书法与镌刻艺术于一炉，体现了线条之美、造型和浮雕之美，而这些美都是艺术家借助一方石土来创造的。

杭州的西泠印社就是创造这种美的摇篮。老师与学生在交流官瓷和篆刻之美时，都会告诉学生这样的美都是工匠与艺术家通过一方土来呈现，这对学生来说其实就是一种激励，把普通的变成美好的，现在普通的自己，通过努力创造，将来也是可以在杭州发光、发热的。

此课共三个课时，大致内容如表7-6所示：

表7-6 课程2-3

课时名称	实施时间	课时目标	课时内容
西泠篆刻：留得西泠干净土	第一课时	通过共读了解西泠篆刻的历史，感受篆刻专家创造的艺术之美	线上阅读西泠印社的历史与相关的著名人物
	第二课时	通过参观西泠印社，体验篆刻过程和篆刻作品之美，激发热爱之情	参观西泠印社
	第三课时	通过交流感悟激发将来建设杭州的美好愿望	线上交流感悟

"杭·人文精神"系列课程着眼于"杭"字。《辞海》这样解释人文：人文指人类社会的各种文化现象。我们知道，文化是人类，或者一个民族、一个群体共同具有的符号、价值观及其规范。《说文解字注》解释道："杭，渡也；方舟也。"杭州是一个人文底蕴非常丰厚的城市，一代又一代的文化传承造就了杭州的精神，这些精神就像一艘船指引着杭州人民的生活与发展方向。我们的学生在这里学习生活，将来在这里生存发展，必须要了解、传承和发展这座城市的文化与精神。只有这样，学生在精神上才有了归属。当他们有了"根"的意识与概念，才会真正融入杭州，把这里当作第二个家乡。特别是在"春节"这样的一个特殊时期，对于这座城市文化的寻访和精神的传承，意义是非常大的。

我们从不同的历史阶段和层面选择了四位学生比较熟悉的人物，他们丰富和创造了杭州人文精神，对杭州产生巨大影响。他们分别是——

白居易：西湖的命名与传扬者，拯时济世、仁政德治、真诚交友；

林逋：隐居孤山，令孤山不孤，充满灵性与生命，豁达大度而不拘一格、孤高自好而慈悲悯怀；

苏轼：疏浚西湖，既是百姓的官也是百姓的友，进退自如、宠辱不惊、乐观豁达、风趣幽默；

岳飞：精忠报国、身先士卒、忠孝义勇、骁勇善战、宁死不屈。

根据以上四位杭州名人的文学代表作以及为杭州做出的贡献，设计和开展了如下课程：

【课程3-1】刺史白居易：绿杨阴里白沙堤；

【课程3-2】隐士林逋：暗香浮动月黄昏；

【课程3-3】通判苏轼：淡妆浓抹总相宜；

【课程3-4】元帅岳飞：怒发冲冠凭栏处。

此课程共计十二个课时，每一项内容分别是三课时，如表7-7所示：

表7-7 课程3

课时名称	实施时间	课时目标	课时内容
刺史白居易：绿杨阴里白沙堤	一至三课时	通过共读人物传记、代表诗作和感人事迹，激发兴趣，感悟精神品质；通过游赏白堤与白居易产生精神共鸣；通过集体唱诵，升华情感	1.共读白居易的人物传记和代表诗作，分享交流人物事迹；2.游赏白堤；3.集体唱诵《钱塘春行》，录制视频，发布在班级群和其他自媒体平台
隐士林逋：暗香浮动月黄昏	四至六课时	1.通过共读人物传记、代表诗作和感人事迹，感悟精神品质；2.通过欣赏孤山梅花与白居易产生精神共鸣；3.通过情景剧表演，升华城市归属感	1.共读林逋的人物传记和代表诗作，分享交流人物事迹；2.欣赏孤山梅花；3.情景剧表演《梅妻鹤子》，录制视频发布到班级群或自媒体

续表

课时名称	实施时间	课时目标	课时内容
通判苏轼：淡妆浓抹总相宜	七至九课时	1.通过共读人物传记、代表诗作和感人事迹，感悟精神品质； 2.通过游赏苏堤和参观苏东坡纪念馆与苏东坡产生精神共鸣； 3.通过人物展播，进一步升华城市归属感	1.共读苏轼的人物传记和代表诗作，分享交流人物事迹； 2.游赏苏堤和参观苏东坡纪念馆； 3.人物展播《苏东坡在杭州》录制视频发布到班级群或自媒体
元帅岳飞：怒发冲冠凭栏处	十至十二课时	1.通过共读人物传记、代表诗作和感人事迹，感悟精神品质； 2.通过瞻仰岳庙，进一步感悟英雄的家国情怀； 3.通过合唱歌曲，提升对杭州城市精神的认识	1.共读岳飞的人物传记和代表诗作，分享交流人物事迹； 2.瞻仰岳庙； 3.合唱歌曲《满江红》，录制视频发布到班级群或自媒体

"州·世界遗产"系列课程着眼于"州"字。一座城市有三处地方成为世界遗产，且三处地方都与"州"有关，即水中的陆地。前文提到，杭州是一个由海洋变成的城市，这就意味着杭州自古以来的大气与包容、和谐与安宁、积极与进取。让学生了解这三处世界遗产，一是让他们对这个城市产生强烈的自豪感，二是让他们自觉向这座城市的精神靠拢，逐渐形成这样的精神意识。

我们从这三处世界遗产曾经辉煌的历史以及对人类发展的影响角度出发，设计并完成了以下课程内容——

【课程4-1】美好之洲：五千年文明看良渚；

【课程4-2】黄金水道：南来北往大运河；

【课程4-3】文化明珠：湖光山色颂西湖。

此课程共计九个课时，每项内容分别三个课时，如表7-8所示：

表7-8　课程4

课时名称	实施时间	课时目标	课时内容
美好之洲：五千年文明看良渚	一至三课时	1.通过阅读历史材料，了解良渚文明对城市发展的作用和意义； 2.通过游赏参观，激发对城市的热爱之情； 3.通过录制解说词，进一步升华城市归属感	1.初步了解良渚文明对杭州城市发展产生的深远影响； 2.参观良渚博物馆和良渚遗址公园； 3.介绍良渚玉文化，录制视频发布到班级群供其他同学了解学习（部分学生）
黄金水道：南来北往大运河	四至六课时	1.通过阅读历史材料，古今对比了解大运河对城市发展的作用和意义； 2.通过游赏参观，激发对城市的热爱之情； 3.通过录制解说词，进一步升华城市归属感	1.初步了解运河对杭州城市发展产生的深远影响； 2.乘水上巴士游赏运河，参观中国京杭大运河博物馆； 3.写运河解说词，录制视频发布到班级群供其他同学了解学习（部分学生）
文化明珠：湖光山色颂西湖	七至九课时	1.通过阅读交流资料，古今对比了解西湖对城市发展的作用和意义； 2.游赏西湖，在审美体验中激发对城市的热爱之情； 3.录制解说词，进一步升华城市归属感	1.初步了解西湖对杭州城市发展产生的深远影响； 2.游赏西湖； 3.写西湖解说词，录制视频发布到班级群供其他同学了解学习（部分学生）

课程设置好了，进入实施阶段。在学生自由组队选好相应的课程项目后，完成实践"悠美杭州"系列课程基本有四个阶段：第一，学生以小队为单位分工合作，阅读书籍、观看纪录片和查阅相关资料

等；第二，学生初步了解将要实践的课程内容后，教师组织每个小队利用一个课时的时间在线上授课，带领学生对相关知识进行共读和交流，并指导培训家长如何带领孩子进入实地参观；第三，家长带领学生来到实地深入参观，实践课程所要体现的内容和知识，进行审美体验；第四，再利用一个课时的时间，分别组织每个小队的学生以各种形式来创造性呈现实践的成果，师生共同评价，从而升华审美体验，进一步增强城市归属感，如图7-2所示：

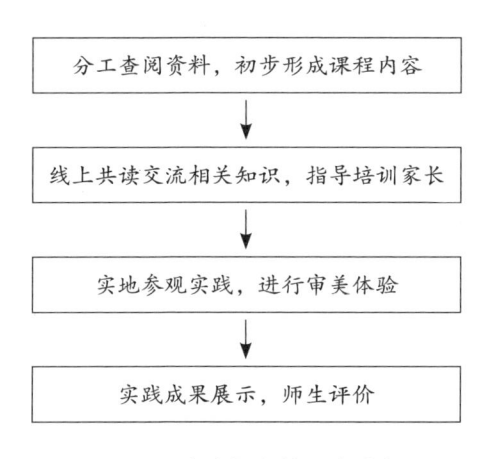

```
┌─────────────────────────────────┐
│  分工查阅资料，初步形成课程内容  │
└─────────────────────────────────┘
              ↓
┌─────────────────────────────────┐
│  线上共读交流相关知识，指导培训家长│
└─────────────────────────────────┘
              ↓
┌─────────────────────────────────┐
│  实地参观实践，进行审美体验      │
└─────────────────────────────────┘
              ↓
┌─────────────────────────────────┐
│  实践成果展示，师生评价          │
└─────────────────────────────────┘
```

图7-2 班本课程的四个阶段

实施途径也是多元化。首先，线上共读与线下实践相结合。每项课程开始之前，相应小队成员根据课程内容在教师的指导下分工查找相关资料，教师进行整合与补充后制作成课件。教师、学生和家长利用一个课时的时间在线上共读人物事迹的介绍，或经典诗词的鉴赏，或相关文物的轶事，或历史资料的陈述等。师生和家长可以诵读，或者默读。在读的过程中激发兴趣，初步感受历史文化与城市精神，明确课程实践的方向与内容。

根据线上共读的学习和渗透，学生再到相应场馆或实地进行有组织有目的的课程实践。他们在观察询问和具体的审美体验中，自主理解和领悟杭州这座城市的历史文化和人文精神。

其次，教师指导与家长带领相结合。既然是班本课程，班主任老师就要起着指导和引领的作用。又由于是在寒假期间进行班本实践活动，故需要教育场中一个非常重要的角色——家长来协助和带领学生进行课程的实践。在这个过程中，既是大手拉小手，家长的参与确保课程实践的安全性和有效性，又是小手拉大手，孩子影响家长投入到课程的实践中，让家长和孩子一起研究实践，一起融入体验，从而提高整个家庭对这座城市的认识，获得一定的归属感。

教师在实践前期除了培训学生的分工合作以及小队长所要负起的相应责任外，还要培训小队中的主要的家长负责人，以书面方案的形式告知参观实践的具体内容和到达场地后的相关细节，确保课程实践的有效性。

再次，课内交流与课外审美相结合。家长带领孩子实地参观体验结束后，并不意味着课程任务就结束了，还需要对实践过程进行交流，以文字或图画或演绎的形式呈现。以此实现美的输入与输出的转化，从而增强学生和家长的城市归属感。

班本课程要体现本班班级文化特色，而本班班级文化建设是以美育为核心抓手。所以，在课外实践时，就一直引导学生从审美的角度去发现和体验杭州历史文化和精神之美。课内交流时，无论是文字、图画还是演绎的形式，都是审美体验的一种创造，即创造美。学生以自己的视角去把自己理解和感悟到的杭州历史文化与人文精神表现出来，再一次突出了课程目标。

最后，校内评价与校外提升相结合。课程实践活动需要多种形式的评价方式，以便教师检查评估课程开展情况，及时发现问题，学生之间也可以找出自己的差距，评价可以促进课程实践的进一步发展。每个小队完成自己的课程后，小队长要组织队员任选以下形式中的一种来完成实践作业上交老师，即实践手册、手抄报、实践报告、幻灯片，等等。开学后，教师和学生对上交的作业进行星级评价，并给予奖励和授予称号。在这样的校内评价中，给予学生价值感，赋予班本课程的意义。

此班本课程重点在校外的实践活动中，如果只是对学生进行校内的评价，那是不全面的。所以，家庭与社会的评价是进一步提升孩子在课程实践中获得城市归属感的有效手段。那么家长以何种方式进行评价呢？除了口头对孩子的课程实践效果进行肯定或提出建议之外，每位家长在孩子最后呈现的课程成果册上进行书面的评价。社会评价则是将活动的照片或学生的作品与感悟通过家长或教师或学生自己发布在各类自媒体平台上，以此扩大活动的影响力和认可度。

学生根据"悠美杭州"系列课程内容，有选择地参与实践其中的一个系列。在了解、学习和审美的过程中，从个体到家庭又到整个班级，从不同角度和层面增强了在这座城市的归属感。学生上交的关于"我在杭州过大年"的征文中，充分表达了对杭州的亲近之感和归属感：

杭州有悠久的历史，还有灿烂的文化……在杭州过年挺有意思的。（蒋雨暄）

都说杭州风景美,其实杭州还有美好的艺术珍品,今年在杭州过年,让我大开眼界,真为这座城市感到骄傲。(汪奕萱)

留在杭州过年,我们不仅享受到了来自政府的补贴,更懂得了这座城市之所以这么美好,是因为自古以来许许多多的文人和英雄创造了美好的精神。(杜明聪)

留杭过年的同学们因为班本活动的开展,形成了一定的影响力,杜明聪一家接受了"浙江经视"的采访,在采访中表达了对这座城市的热爱,体现出强烈的城市归属感。

除此之外,当学生和家长对这个城市产生了归属感之后,他们更加热爱学校和班集体,班级凝聚力增强了。教育也不仅仅是学校和家庭的单项传输,而是形成了学校、家庭、社会的多方面融合,美好的教育场也就此产生。

《遇见苏轼》王梦如绘

现就读于杭州师范大学旅游管理专业

第三节　淳美乡域课程

当学生读到"风一更,雪一更,故园无此声"这样的词,老师告诉他们:在词人的眼里,故乡是世界上最温暖的港湾;当学生读到"春风又绿江南岸,明月何时照我还"的诗句时,老师又告诉他们:漂泊在外的游子,最急切的是与亲人团聚;当学生读到课本或文学作品里那些思乡的描写时,他们只知道作者思念家乡的一草一木,思念亲友的一颦一笑。可是,诗词和文学作品里的家园情怀,我们的学生又能真正领略到多少呢?大都是语文老师作为一个知识点告诉他们罢了,很难和作者产生共鸣。在他们的心里,家乡是否有让他们念念不忘的人?是否有津津乐道的事?是否有引以为傲的历史与文化?只有他们的内心充盈着实实在在的内容时,才能真正体会家乡的可爱之处;只有他们亲自领略了家乡的风土人情之美,才能真正产生对家乡的热爱之情。

除此之外,当一个班级来自五湖四海的学生在了解了自己家乡的风土人情之后,再分享给班级的其他同学,这又将是一次全新的"审美"之旅——原来,这就是地大物博的中国!

于是,我们又设计并实践了以"淳美乡域"为主题的系列班本课程,如表7-9所示:

表7-9 "淳美乡域"班本课程

课程名称	课程内容
家乡的话 （归属）	学说家乡话：聆听方言的音律之美
	理解家乡话：感悟方言的做人之道
	演绎家乡话：展示方言的地域文化
家乡的风 （自豪）	做家乡的美食：品味舌尖上的家乡情
	拍家乡的建筑：鉴赏民居里的结构美
	观家乡的习俗：传播乡风里的艺术美
家乡的人 （热爱）	寻访家乡的手艺人：体验传统的匠心之美
	听长辈讲英雄故事：传承崇高的革命精神
	学家乡的时代先锋：树立发展家乡的理想

诗人华滋沃斯曾经说："一朵微小的花对于我可以唤起不能用眼泪表达出的那样深的思想。"孩子内心生起对家乡的审美情趣乃至情感，可能就会在某一件事、某个场景、某句话、某个人。制定班本课程之前，先和学生一起讨论交流家乡的自然资源和人文资源，共同梳理出层层递进的三大主题班本课程："家乡的话""家乡的风""家乡的人"。再根据学生感兴趣的内容结合各自家乡的地域特色，以"项目式"学习的形式分组来实践"淳美乡域"主题班本课程。如此激发学生学习的主观能动性，调动他们发现家乡之美的审美积极性，从而在分享交流时不仅能流露出强烈的自豪感，更能创造性地呈现家乡的风土人情和历史文化之美。

学生分好组，明确学习实践的对象与内容后，不同的组分别利用六年级的秋假、寒假以及春假来实践课程、展示成果，具体流程如图7-3所示：

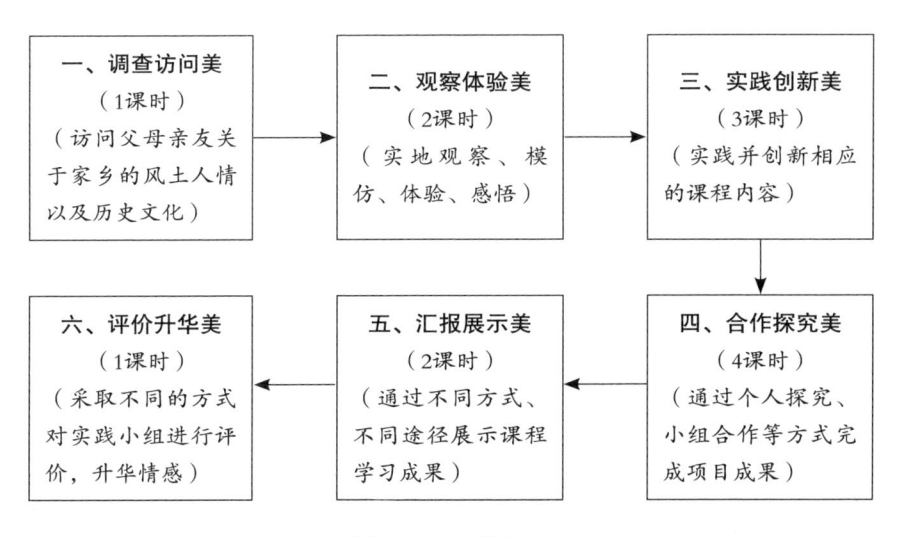

```
┌─────────────────┐    ┌─────────────────┐    ┌─────────────────┐
│ 一、调查访问美   │    │ 二、观察体验美   │    │ 三、实践创新美   │
│   （1课时）     │───▶│   （2课时）     │───▶│   （3课时）     │
│（访问父母亲友关 │    │（实地观察、模   │    │（实践并创新相应 │
│ 于家乡的风土人情│    │ 仿、体验、感悟）│    │ 的课程内容）    │
│ 以及历史文化）  │    │                 │    │                 │
└─────────────────┘    └─────────────────┘    └─────────────────┘
                                                        │
                                                        ▼
┌─────────────────┐    ┌─────────────────┐    ┌─────────────────┐
│ 六、评价升华美   │    │ 五、汇报展示美   │    │ 四、合作探究美   │
│   （1课时）     │◀───│   （2课时）     │◀───│   （4课时）     │
│（采取不同的方式 │    │（通过不同方式、 │    │（通过个人探究、 │
│ 对实践小组进行  │    │ 不同途径展示课程│    │ 小组合作等方式完│
│ 评价，升华情感）│    │ 学习成果）      │    │ 成项目成果）    │
└─────────────────┘    └─────────────────┘    └─────────────────┘
```

图7-3　实践流程

2016届学生分别来自浙江、江西、安徽、河南、湖北等十多个省市，如图7-4所示：

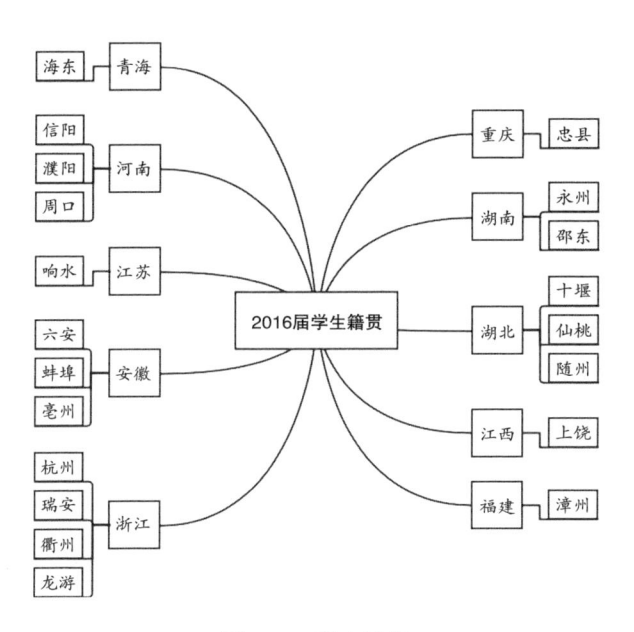

图7-4　学生籍贯

下面以本届学生为例（如表7-10所示），具体介绍"淳美乡域"系列班本课程的分工情况、实践过程、合作成果、汇报展示以及评价方式。

表7-10 "淳美乡域"系列班本课程项目一："家乡的话"学习表

项目背景/内容安排	方言是一种独特的地域文化，承载着某一地域的历史发展，牵引着人类的情感纽带；她负载着丰厚的人文底蕴，蕴含着深刻的人生智慧与处事哲理。学说家乡话、理解家乡话、展示家乡话是学生走近家乡、了解家乡、热爱家乡的一个有效的手段与途径
实践时间	六年级秋假
实践人数	12人
参与省市	河南周口；江西上饶；江苏响水；浙江瑞安、杭州；湖北仙桃
实践分工	河南周口方言组：2人，均来自河南周口；向家里的长辈学说河南周口俗语，感受方言的韵律与力量，理解俗语的意思以及蕴含的道理；合作编一段周口方言韵味顺口溜； 江西上饶方言组：4人，均来自江西上饶；向家里的长辈学说江西上饶生活场景方言，掌握发音技巧，感受家乡人民生活的智慧和情调，感悟某些词句的言外之意，学会运用；合作编一则上饶方言趣味三句半； 吴、越、楚方言组：6人，分别来自江苏响水、浙江瑞安和杭州（桐庐）、湖北仙桃；向家里的长辈学说家乡方言，感受方言的音调特点，了解学习某句方言的典故；合作编写表演三地方言穿越小品
实践方法	学生个体倾听、模仿、学习家乡方言，查找家乡方言发展历史和蕴含的民俗文化； 家长教给孩子相应内容的方言，并在生活中用方言与孩子交流； 班主任在学生的实践过程中，进行审美体验的引领和审美方法的指导
合作成果	一段河南方言韵味顺口溜； 一则上饶方言趣味三句半； 吴、越、楚三地方言穿越小品
汇报展示	河南周口方言组成员合作表演周口方言顺口溜，展示家乡方言韵律与力量之美； 江西上饶方言组成员合作表演上饶方言趣味三句半，展示家乡人民的处世之道； 吴、越、楚方言组成员合作表演三地方言穿越小品，展示家乡方言的地域文化

续表

评价方式	通过拍摄短视频发布自媒体接受大众的过程性评价；通过语言类节目表演接受同伴的终结性评价

在很小的时候，懵懂无知的我们就知道要"听妈妈的话"，因为是妈妈的话牵引着我们认知世界，蹒跚前行。当我们长大了，即使在青春叛逆期，还是习惯"听妈妈的话"，因为妈妈的话是我们情感与道德的归属。同样的，"家乡的话"就像一根线，牵着我们内心，让我们每个人无论身处何方也会记着自己的根在哪里。学说家乡话、理解家乡话、展示家乡话，是我们引导学生拥有家乡归属感的有效途径。学生的归属感是他们主动认识、了解家乡之美的情感依托，而发现家乡之美逐步产生美感的过程也是增强学生归属感的力量源泉，归属感与美感二者相互作用，共同激发学生热爱家乡的情感。

"家乡的话"项目组的十二位同学中以"倾听表达方言的音律美""理解感悟方言的内涵美"和"创新展示方言的文化美"为顺序，学习实践本项目的内容。

学习伊始，他们倾听、模仿家乡话的发音，从音调上感受方言的音律、韵味与力量之美；接着他们深入了解家乡话的内涵，发现家乡人民生活的智慧；他们继续深入挖掘方言的历史典故，以方言的角度发现老祖宗在建设家乡过程中呈现的历史文化之美。在学说家乡话的过程中逐渐发现家乡人民在生活和家乡历代变迁中展现出来的思想文化之光，拉近与家乡的距离。

在探究阶段，本项目组的三组成员通过创编顺口溜、编排三句半和小品的语言节目，呈现方言的美，展示家乡人民的生活智慧和家乡发展过程中的文化内涵，在合作创造成果的过程中产生家乡归属感。

在成果汇报与评价过程中，项目组的同学向老师、同学和社会大众展示家乡的方言，表达家乡人的生活智慧和历史文化，一边发现家乡的方言美，一边传递着家乡历史文化之美。

通过学习、探究、合作、评价这一系列的实践过程，"家乡的话"项目组十二位同学有了主动学习家乡话的意识，内心的归属感逐渐增强，对家乡的历史文化、民风民俗有了初步的了解，对家乡有了更多的向往。与此同时，通过他们的展示，班级里的其他同学产生了学习家乡话的热情与兴趣。且班级家长在这部分家长的影响下，有了教孩子说家乡话，教孩子认识家乡、发现家乡之美的意识。以此以点带面，学生影响学生，家长影响家长，前文提到的"美好教育场"的教育效果便体现出来了。

"家乡的话"课程项目让学生初步了解了家乡，形成家乡归属感，从而使学生生成了进一步发现家乡之美的动力，于是在六年级寒假，我们进行了第二个项目的学习实践——"家乡的风"，如表7-11所示。

表7-11 "淳美乡域"系列班本课程项目二："家乡的风"学习表

项目背景/ 内容安排	不同省市的饮食文化、民居/祠堂建筑以及节日民俗也有所不同，在春节期间，这些方面的特色之美展现得更为淋漓尽致。根据六年级学生的兴趣特点，按照品尝制作、观赏体验的顺序，学生在寒假回到家乡品尝制作家乡美食，欣赏家乡的祠堂建筑，体验家乡节日的民俗风情
实践时间	六年级寒假
实践人数	12人

续表

参与省市	湖南永州；重庆忠县；安徽六安、蚌埠、亳州；福建漳州；浙江衢州；青海海东
实践分工	美食组成员：4人，分别来自湖南永州、重庆忠县、安徽亳州和福建漳州；了解体验家乡过年习俗，各自品尝家乡菜，筛选一道最经典的菜，了解菜品背后的故事与文化，学习制作菜品并取一个好听的名字； 建筑组成员：4人，分别来自浙江衢州、安徽六安、福建漳州和浙江衢州；4位同学了解体验家乡过年习俗，各自走访家乡祠堂及民居建筑，拍摄并了解建筑的历史文化； 民俗组成员：4人，分别来自安徽蚌埠和青海海东；4位同学了解体验家乡过年的独特习俗，分别欣赏学习花鼓灯表演和青海花儿（民歌）
实践方法	学生个体走访、观察、体验、学习； 家长寻找实践途径和平台，提供相应的技术支持； 班主任在学生的实践过程中，进行审美体验的引领和审美方法的指导
合作成果	一道拿手的家乡菜； 一段衢州十大祠堂介绍视频、一本徽派建筑摄影作品集、一个土楼历史故事； 一段花鼓灯表演、一首青海花儿（民歌）
汇报展示	美食组成员请同学品尝湖南菜、川菜、安徽和闽南小吃，品味舌尖上的家乡情； 建筑组成员展示徽派和衢州祠堂建筑，讲解土楼历史故事，鉴赏民居里的结构美； 民俗组表演花鼓灯和演唱青海花儿，传播民风的艺术美
评价方式	班主任进行过程性评价；其他项目的同伴进行终结性评价

"家乡的风"项目组的12位同学在实践过程中经历着发现美、创造美、传递美和升华美的过程。

实践伊始，他们品尝美食，鉴赏民居、祠堂的建筑之美，体验节日的风俗之妙，从饮食文化、建筑文化和民俗文化三方面来了解学习家乡发展历史，感受家乡人民的独有风情，逐渐发现家乡人民在生活和习俗中展现出来的美，拉近与家乡的距离。

在此基础上，本项目组的三组成员全身心地投入，通过手作、信息技术、艺术表现等方式对家乡的食物、建筑和民俗的美进行创造性的呈现，在合作成果的过程中对家乡的自豪感日益浓厚。

在成果汇报阶段，与同学分享家乡食物的美味与家乡人的生活态度，呈现家乡建筑的结构之美与历史故事，表演展示家乡的节日盛况与民间艺术，以此三方面来传递着家乡的文化与民风之美。

无论是班主任的过程性评价还是同学的终结性评价，对本项目组的成员来说，不仅是对其实践过程的肯定和项目成果的肯定，更是对其情感上的再次激发，他们在接受老师和同学评价时，内心会不由自主地回顾实践项目过程中的点点滴滴，站在更高的高度与层次认识到家乡的民风之美，从而进一步升华对家乡的情感。

"家乡的风"项目学习也促发着其他同学探究学习了解家乡民风民俗的热情。通过这两个项目的实践和展示活动后，作为班主任适时引导：家乡的话、家乡的民风是美的，而这一切美好，都是家乡的人民创造的。接下来便在六年级的春假进入第三个项目的学习实践活动——"家乡的人"，如表7-12所示。

表7-12 "淳美乡域"系列班本课程项目三："家乡的人"学习表

项目背景/内容安排	家乡的过去、现在、将来，便是家乡的发展史，家乡的历史是家乡的人推动和创造的。孩子想成为什么样的人，一方面来自学校和家庭的影响，另一方面也可以由家乡人民的精神来引领。他们可以传承家乡手艺人一丝不苟的工匠品质；他们可以发扬家乡英雄大无畏的革命精神；他们可以追逐家乡先锋勇往直前的时代脚步
实践时间	六年级春假
实践人数	16人

续表

参与省市	江西上饶；浙江龙游；湖北十堰、随州；河南信阳、濮阳
实践分工	家乡手艺人组：5人，分别来自江西上饶和浙江龙游；寻访家乡传统和现代手艺人，了解行业特点和从业人员的必备素质；尝试体验学习制作一样手工艺品，可以有所创新； 家乡英雄组：5人，分别来自江西上饶和湖北十堰；参观瞻仰革命英雄纪念馆，了解家乡革命英雄事迹；编排表演英雄事迹小短剧； 家乡先锋组：6人，分别来自河南信阳、濮阳和湖北随州；拜访家乡扶贫干部，了解学习扶贫思路；尝试直播，介绍家乡特产、风景以及文化古迹
实践方法	学生寻访家乡手艺人、瞻仰家乡英雄纪念馆和拜访家乡扶贫干部，寻访和拜访的形式可以是线上进行； 家长给孩子提供寻访思路和路线； 班主任在学生的实践过程中，进行审美体验的引领和审美方法的指导
合作成果	一件手工艺品； 一幕英雄事迹小短剧； 一场介绍家乡的直播
汇报展示	家乡手艺人组成员分别呈现一件自己制作的手工艺品并讲述家乡手艺人的故事，展示家乡手艺人的匠心之美； 家乡英雄组成员合作表演英雄事迹小短剧，发扬革命英雄的崇高精神； 家乡先锋组成员分别模拟一场直播，介绍家乡的特产、风景名胜和文化古迹，树立发展建设家乡的理想和信念
评价方式	班主任进行过程性评价；其他项目的同伴进行终结性评价

"家乡的人"项目组的16位同学分别选取了家乡的手艺人、革命英雄和时代先锋三个角度，传承和发扬家乡人民的匠心之美和崇高的革命精神，树立建设家乡的理想和信念。

项目实践伊始，他们走访家乡的手艺人，瞻仰革命英雄，拜访家乡的扶贫干部，发现和感受家乡人民美好的精神品质。

在此基础上，本项目组的三组成员通过学做手工艺品、编排革命英雄小短剧和学习模拟直播家乡等方式对家乡人民的精神品质进行探索和挖掘，在合作成果的过程中热爱家乡的情感日益浓厚。

在成果汇报阶段，与同学分享手工艺作品，演绎家乡英雄的革命故事，直播家乡的特产、风景以及名胜古迹，以此三方面来表达对家乡的热爱之情。

由探究生动形象的家乡方言，到探索相对抽象的家乡民风，再到探求更高层面的家乡精神，"淳美民风"系列班本课程根据学生的认知规律，就是这样由浅入深，层层递进，历经两个学期的三个假期实践完成了。他们从不同角度和层面一步一步发现、体验和创新家乡美的过程中，也逐步完成了从有了家乡的归属感到为家乡自豪再到热爱家乡的情感变迁，这个升华过程本身就是一种美好的情感体验。当学生知道自己是从哪里来的，不管将来走到哪里，他的内心是有依靠和力量的。这也是为什么要把此课程安排在小学六年级进行，不仅根据学生的能力而制定，也是想借此课程告诉学生，不管将来的学习之路有多长，都不要忘了小学阶段是学习生涯的开始。一个人如果从小知道自己的根在哪里，那么内心是充盈而幸福的，也是有责任和担当的。

值得一提的是，学生在分小组进行项目式学习探究的过程中，班主任起着指导和牵引的作用：制定课程主题、撰写课程教案、评价总结课程成果；根据实践过程不断调整课程内容、课程进度、课程时间安排以及人员分工；除了指导学生开展课程，还要进行密切的家校配合，指导家长协助孩子进行课程的实践与成果的创新；家校紧密联合的同时，运用相关的社会资源是必不可缺的。故班本课程的实践过程，其实就是由学校、家庭和社会形成的教育场共同作用的过程。

第八章

臻美行动
发挥美育力量

热爱,是前进的动力,而互爱,是让我们在美好教育场里,携手走得更远。

瑞士心理学家皮亚杰从心理学的角度，曾提出了"思想是内化了的行动"的著名观点。主体在行动中，主动探索、实验和创造，既有身体的动作又有心理的建构，其实就是其外在行为与精神活动协调一致的过程。

当学生进入小学高段，意味着迈入青春期的大门，这正是他们心理发展的关键时期，也是他们初步形成人生观、价值观、世界观的萌芽阶段。作为教育者的我们，必须要清醒地认识到：我们除了教给学生学科知识以培养他们的智力能力之外，还要关注学生的心理能力发展；我们要在一系列有益的校内外以及家庭行动中，以审美的角度将学生行为转化为一种内在的美的"符号"而沉淀为他们固有的思维形式和思想观点。

本章将具体阐述如何通过校内外关爱行为、家校合作和社会行动三个方面，来提高学生心理能力的发展，培养学生形成以审美的思维形式来正确地认识自我、认识世界。我试图借鉴使用"留白之美""欣赏之美"和"崇高之美"这三种艺术审美形态来分别进行我们的"臻美行动"。

第一节 关爱行为中的留白之美

古人云:"善画者留白,善乐者希声,善书者缺笔,大贤者若痴,大智者若愚。"自古以来,中国的艺术审美就提倡"留白之美",美学家宗白华先生认为:灵气往来是物象呈现这灵魂生命的时候,是美感诞生的时候。所以美感的养成在于能空,对物象造成距离。例如,舞台的帘幕、图画的框廊、明月下的幽淡小景等,都是在距离化和间隔化诞生的美景。

无独有偶,心理学家布洛(E.Bullough)曾提出"心理距离说",他认为美在许多时候是由距离造成的。所谓"增一分则长,减一分则短",在审美活动中,当审美主体与审美对象保持一种恰当的距离,这时审美对象对于审美主体来说才是美的。这种距离既不是时间上的距离,也不是空间上的距离,而是心理上的距离。

"留白艺术"和"心理距离说"都是从审美的角度出发的,同样适用于班级之中师生之间和学生之间以及家长对孩子的关爱行为,因为,爱也是一种艺术。学生是独立的个体,随着年龄的增长,他们的自我意识逐渐增强,有了自己的人生观、价值观和世界观。对于青春期的孩子来说,由于生理的成长和心理的发展,情绪波动比较大,容易出现心理危机。他们需要来自长辈、老师和同伴的关爱，但又想拥有相对独立的物理和思想空间。如果关爱者没有把握好度，对于被关爱者来说，感觉反而会适得其反。

自学生进入五年级以来，特别到了六年级，学生个体行为、同伴交往等方面发生了些许微妙的变化：部分女生变得多愁善感起来，男生则"一点就炸"；女生小团体风气逐渐明显，男生易跟风或"哗众取宠"；特别在意同龄人的评价却对师长的话语不屑一顾；家庭里曾经那些个乖巧可爱的孩子不见了，取而代之的要么是沉默不语要么是大声嚷嚷；班级表面似乎"风平浪静"，实则"暗流涌动"……这些现象，不可否认，确实令老师和家长"爱恨交织"：有时好话说尽，动之以情，晓之以理，差点没把自己感动哭了，可人家仍然我行我素；有时一把抓住三令五申地教育，可人家两眼往上翻，态度好的听你讲完，态度不好的声音比你响；有时烦了，恼了，师长们真想大手一挥，懒得管你们，爱咋地咋地！可这样也不行啊，他们真地会爱咋地咋地！其实，出现这样的现象我们首先要做的既不是马上整治个别孩子或整顿班级风气，也不是放任不管，指望他们自我反省变得积极阳光起来。而是要知其然以知其所以然。这一是因为青春期心理发展特点；二是因为家庭教育没有跟上孩子心理发展的脚步；三是因为学校教育常常出现"抓典型"的现象，等等。既然如此，那我们就要与孩子保持合适的距离，既要"看见"，也要容忍；既要管教，也要适当放手。静下心来想想吧，谁不是从青春期走过来的呢？作为成人的我们，为何不用美育的思维，通过审美的角度来关爱我们的孩子呢？让他们在刚踏进青春期大门面临着迷茫、焦虑甚至郁抑的时候，能发现成长和身边人的美好，学会爱自己、爱他人，提升自己给身边的人带来积极的影响。

  本节内容将结合班级的案例，从教师、家长和同伴三个角度来讲述如何在关爱行为中保持一定的距离，以此呈现关爱行为中的"留白"之美。

  在中国绘画的"留白"艺术中，首先讲究的是大象无形，即世界上最伟大恢弘、崇高壮丽的气派和境界，往往并不拘泥于一定的事物和格局，而是表现出"气象万千"的面貌和场景。面对情绪波动大或时常伴有轻度焦虑和轻度抑郁的孩子，老师和家长对他们的关爱行为可以借鉴"大象无形"的艺术表达方式。我们心里明明是爱他们的，但我们可以不对他们说爱，而是可以借助大自然或其他场景为他们建设一个精神花园，让他们在大自然里相对自由地活动，在活动中捕捉惊喜，在惊喜中思考和探索，找到一个实实在在的真实的自己。

  曾经我带过两届五年级学生去杭州湘湖春游，在那里，我让我的学生找到了春游的小确幸，找到了活动的快乐，接下来重点和大家分享第一次春游的场景。在孩子们坐在垫子上享受美食时，我发现了一大片草地，里面长满了酢浆草。偶然之中，我在满目的三叶草中找到了四叶草，当时我高兴坏了。就在认为自己是幸运女神的时候，我又发现了一片四叶草。我知道了，这片草丛里藏着很多四叶草。我看到了班级里那个让我心疼并烦恼着的女生，在外面，她仍然形单影只。当时她操着口袋，耳朵里塞着耳机，脑袋上套着校服的帽子，一边走路一边用力地踢着路边的石子。因为各种因素，她敏感、易怒，在群体中显得格格不入。她不屑和同学玩，同学也不愿意与她为伍。也许，这一片广阔的土地可以治愈她。

我两手各拿一颗四叶草，飞奔到学生中间，兴奋地大喊："太幸运了！太幸运了！我找到了四叶草！"瞬间，孩子们纷纷放下手中的美事，站起来问："老师，哪里找到的？我们也要去！""走，跟我来！"我跑在最前面，孩子们紧跟其后。他们三五成群，半蹲在草地上，脸朝草地，屁股翘得老高，仔细地搜寻着。我则在旁边观察等待：那个女生在远处观望，看我在看她，便头一扭走了。"丫头，你是感兴趣的，只是不想让我看到。"我如此想着便走进草地，一边寻找四叶草，一边侧身寻找她的身影。我看到她走进草地了，我不动声色。突然，一个同学大喊："老师，我找到了！"顿时，一群同学起身围着这个幸运者。我举起相机，准备拍下这张洋溢着笑容的脸。在聚焦镜头的时候，我透过相机看到在人群外围的她那羡慕的眼神，我笑了。

接下来，不断有学生跟我汇报他们的"小确幸"，我的相机不停地聚焦在那一张张快乐的小脸蛋上。当找到的同学，便帮暂时没有找到的同学一起找。时间一分一分地过去了，她还是没有找到。正当我想暗示班长和她一起找的时候，一个男生主动走向她，告诉她哪块地上找到的可能性更大一些。我看到他们一起去寻找了。几分钟后，那个男生兴奋地大喊："老师，小A找到了！快来拍照！"我快步地向他们走去，其他同学也一齐蜂拥而至。没有想到，这些可爱的孩子们心里想的都跟我一样，都在默默地关注着她，都想帮助她，都为她的成功而高兴。就在所有同学都围着她的时候，我调好焦距，拍下了一张特殊的集体照，集体照上的最中心是从来不让我的相机靠近的她，虽然没有灿烂的笑容，但眼睛里有了亮亮的光彩。

　　这是一片神奇的土地，不仅治愈了她，也治愈了其他人。有同学把幸运草带回去送给找工作的爸爸；闹别扭的同伴因这幸运草忽然就和好了；在此后的时间孩子们会在日记里主动跟我倾诉。多年以后，他们也许仍记得我很爱他们，但绝不仅仅是想起我苦口婆心地找他们谈话的情景，更是因为那片湖边的草地，我撅着

《"冒"出来的幸运》汪奕萱绘

现就读于杭州师范大学东城实验学校

屁股和他们一起找四叶草的场景；他们也许忘了我在课堂上向他们描述的"天地有大美而不言"，但会想起小学里的那个春日，他们在湘湖的草地上找到了幸运草。

春游结束后，我把一部分奖励卡改成了"午休逛校园"卡，得到奖励卡的同学可以独自或邀请同伴在午休时间自由逛校园半个小时。逐渐地，我发现孩子们自由的空间多了，内心反而平静了。原来任课老师反馈课堂上"暗流涌动"的现象不再听说。班级仍然有敏感好哭的女生，有一点就炸的男生，有家长告状孩子在家里不太听话，有被执勤队员扣分的情况，但是，他们不再把班主任当作监视他们成长的"容嬷嬷"，而是可以说得上话的人。面对一些不尽人意的班级现象时，大部分时候我只需一个眼神，一句话，或者一个轻抚的动作，便可化解。

在这个过程中，其实我们已经教会这类孩子如何坦诚地面对自己情绪的波动、心理的焦虑，激发了他们心理的弹性机能，使他们的心理从非常状态恢复到常态，不会轻易地被周围的人和环境影响自己的情绪。这样一来，他们在我们师长的"大爱"里看到了自己可爱的一面，学会了爱自己。从此他们在"大象"中学会聚焦于自己的内心，在"无形"中发现学习生活中的美好。

通过翻阅大量的相关书籍再结合个人的理解，"留白"艺术还有一种表现手法就是"计白当黑"。清代篆刻家、书法家邓石如论书法艺术美时曾提出自己的观点："字画疏处可使走马，密处不使透风，常计白以当黑，奇趣乃出。"顾名思义，"计白当黑"里的

"计"指谋划，"白"指字里行间的空白，"黑"指书写的笔画。整句话的大概意思是指书法艺术中字的结构和通篇的布局要疏密得宜，虚实相协，黑白措置得宜，才能产生良好的艺术情趣，即谋划留白与运笔书写地位均等。画家也通过运用有型的"黑"与无型的"白"来表现无限的意境。宗白华在《美学散步》中写道："艺术家创造的形象是'实'，引起我们想象的是'虚'。"

书画艺术家在作品里的"计白当黑"的艺术表现，就是在创造一种美的境界，给予欣赏者无限的想象。如此一来，一幅作品不仅仅是艺术家个人创造的美感再现，更是促发欣赏者在无限的意境中不由自主地产生美的联想和想象。于是欣赏者会再一次对作品进行理解，重新生成独特的审美体验。欣赏者最终的美感不再单单是从作品中获得的，而更多的是由自己创造的，那么这幅作品带给欣赏者最终的体验是积极的、永久的。这或许就是艺术作品最大的价值和意义吧。

当刚踏入青春期的学生在"大象无形"的学习生活空间里，看到了和感受到了爱，也聚焦到了真实的自己从而学会了爱自己，那么我们就应该给予爱的对象，激发他们爱的能力。如何给予？如何激发？我们要做的是赋能。"计白当黑"的艺术方法可以赋予欣赏者想象的空间，在美的境界里进行全新的美感体验，那我们是不是也可以从这样的审美角度给予学生一个美丽的对象，向他们描绘未来可能发生的一系列美好的变化，让学生在期待和希望中自主探索如何爱，在爱中如何体现自己的价值。

我曾交给班级里一名郁郁寡欢且常常带着美工刀的女生—小棵

大面积枯萎但又有点小芽的发财树。当时我告诉她："这是一位对我来说非常重要的人送给我的，可惜被我养坏了，你可以帮我救活它吗？"她迟疑着，担心自己把它养死了。我让她仔细看看这盆树有没有"生还"的可能。她蹲下身子仔细观察，发现靠近根部的地方还真地冒出一点小芽。"或许，你可以根据自己看到的现象，先回去查查资料，再决定是否接受这个艰难的挑战。"小姑娘答应了。第二天，我又把发财树搬到她跟前，充满期待地看着她，她终于说话了："老师，我试试吧！养死了不要怪我。"我笑着说："不会，既然有新芽冒出来，说明它对这个世界还没有完全死心，对吧。我期待春暖花开的时候，它是一棵生机勃勃的树。"她难得地露出笑容。

　　从那以后，她每天至少有一个课间是蹲在发财树旁边看看有没有新的芽苞出现。每隔两天给树浇一次水，还给树买了肥料，隔三岔五就施一次肥料。半个月后，一开始的芽苞长成小叶子了，树干的芽苞也越来越多了。我明显感觉到她的眼睛里有了光，我想大概是她的心里有了爱，她看到了发财树重焕生机的希望。当她在浇水或者施肥的时候，如果我看到，我一定走上前，仔细观察，只要发现一颗新的芽苞，我一定会惊喜地大喊："你看，你又创造了一个新的奇迹！"一个月后，发财树的绿叶多了起来。我估计发财树的每一片叶子，她把它的纹理都牢记在心了，我何尝不是呢？我常常给她看这棵树曾经的样子，只要有一片新叶子出现，我都会问她发财树将会长成什么样子。与此同时，原本只有她一个人在课间蹲着看的，后来跟着她看发财树的同学逐渐多了起来，似乎全班同学都在见证她亲手打造的奇迹。

随着天气一天一天暖和，发财树也越发蓬勃起来。有一天，我看到她在剪树枝，我心疼地说："好不容易长出来的，为什么要剪掉？"她很酷地跟我说："有舍才有得，我经常看到校园里的工人在剪绿植的枝干。你放心，我会让它比之前还要漂亮。"这丫头，课后一定恶补了很多关于种植的知识。就这样，她用心给我、给全班同学创造了一个奇迹——一棵即将死去的发财树在她的精心养护下重新活过来，甚至比原来长得还要茂盛，还要漂亮！当然，她也给自己创造了一个奇迹：课间笑的次数越来越多，上课睡觉的次数越来越少了。有一次午餐，她甚至帮同桌剥虾！

我曾经和班级里一名"一点就炸"的男生打了两个赌。原因是他把那盆文竹一直放在窗台上晒太阳，也不去浇水。班级的种植委员多次提醒他放在阴凉地方并要多浇水，可他总是一意孤行，还骄傲地说："我的植物我作主，不用你们管。"一天，我指指太阳说："我代表太阳赌你的文竹将不久于'竹'世。如果你赌输了，以后在养护植物方面就要听种植委员的建议。""赌就赌。如果我赢了呢？""满足你一个愿望。"一周后，他的文竹仍然翠绿，他很是得意。第二周开始，从周一到周五每天来跟我提一个愿望，我笑而不语，殊不知，他的文竹已经有一两根枝开始变黄了。第三周便开始放春假了。

等到春假回来，他傻眼了，他看到窗台上的文竹已经变成了一大簇"黄毛"。他沮丧极了，准备把那盆文竹扔进垃圾桶。我连忙阻止并跟他打了第二个赌。"我代表月亮赌你的文竹会起死回生。如果我赢了,你之前提的愿望我全部满足你。""什么?真的假的?文竹还会起死回生?你赢了还要满足我的愿望?""真的。不过,你要和种植委员一起合作创造奇迹。""说话算话?""我骗你,我喊你老师。"说完,我请种植委员来和他一起把文竹搬到教室北面的小阳台,让他们一起商量"起死回生"方案。其实在打一个赌的时候,我已经嘱咐种植委员开始研究文竹的特性以及养植方法了。此后的一个月,他为了让我赢好满足他的愿望,平和地与种植委员相处,耐着性子听从建议。到了期末的时候,他的文竹真地"复活"过来了。休业式上,我满足了他五个愿望,并让他当面感谢一下种植委员。他竟然满脸通红,不过不是生气时的面红耳赤,而是羞涩得脸红了。最后他实在说不出感谢的话,而是直接走到种植委员面前,像兄弟似地抱了抱他,然后迅速地跑回座位。同学们竟然不约而同地鼓起掌来,继而哈哈大笑。我看见他坐在位置上也不好意思地笑了。

通过以上两个案例,我想说我们可以直接告诉孩子他的不良情绪或行为会给自己带来不良的后果,也可以通过一定的教育手段或者心理引导来纠正孩子的不当之处,这样确实会取得一定的效果。但是,有时候撇开孩子本身的问题,给他创造另一个空白的领域,让他们偶尔忽略自身的问题,在全新的审美对象面前探索思考自己的价值,这是师爱的另一种境界。当他们呈现了自己的能力之后,也逐渐拥有了爱身边人和物的能力,身边的同伴也会靠近他们,这是同伴互爱的另一种形式。

"无声胜有声",出自白居易的《琵琶行》,是留白艺术中又一审美境界。音乐突然停止但余韵悠长,令人在震撼中回味,又在回味中期待。这样的艺术效果,不仅给人带来无限的美感,还促发欣赏者在如此留白中生成新的审美理解与情感迁移。震撼、回味、感动、期待,欣赏者的审美体验过程不断延长又挥之不去;回忆、怀念、思考、追逐,欣赏者的思绪不断扩散又有所聚焦。如此"无声"便是给欣赏者空间进行自主的审美创造啊,当然胜过"有声"。激情澎湃地抵达高潮后,忽地消退。这种适可而止,便是艺术家的大智慧——在留白中使欣赏者进行自我影响、自我生成后再达到热爱的程度,这种做法远远高于一直牵着对方使其被动地接受音乐之美。

　　一个班级体中,因为责任意识,教师固然是爱自己的学生的;又因为集体意识,学生也固然爱自己的同伴。然而,这样的爱很大程度上是在一定时间和场合约束下生成的,当学生毕业了,也许爱也随之淡化了。小学高段的孩子,在一定程度上是排斥师长、同伴的如影随形般的关爱的。所以,爱他们,不如学一学音乐留白中的"无声胜有声"的艺术表达方法,转移紧盯的眼神,停止爱的絮语,适当转身,暂时离开,给足学生时间与空间品味爱。

　　曾经有家长拜托我帮她教育一下自己的孩子,不要再跟妈妈唱反调了。我让家长具体跟我讲述一下"唱反调"的行为。原来都是每天生活中的小事,诸如:明明很冷,就是不肯穿棉毛裤;明明烧好早饭,就是要泡方便面吃;明明作业没做完,还要看课外书;明明帮他把被子理好了,他一回来就把书包、饭盒往床上丢;明明跟他说了半天道理，一转身继续犯错；明明好心提醒他别忘了带学习用具，还被嫌弃太啰唆，等等。我听了，脑海里顿时出现了一个抓住孩子不放的母亲，一个极力逃避母亲的孩子。我说："今天你在孩子面前尝试做到非必要不提醒，若是看不惯孩子不整理房间，就关上房门先不看。晚饭只烧你自己爱吃的菜，家里不要出现方便面或其他零食，他肚子饿了，你让他自己想办法解决。到了晚上9:30你就把家里控制照明的电闸关掉。这样坚持几天，我根据孩子的反应和表现来帮你引导试试看。"这位家长同意了。

第二天，我看孩子好像没多大反应，这大概是男孩子特有的能力——钝感力强。中午却收到了孩子妈妈发来的求救短信，说是怕孩子变本加厉。我开玩笑地回复："你要沉住气，别像十八岁的姑娘似的患得患失。必要的时候可以玩一下'失踪'，去闺蜜家或者亲戚家蹭顿晚饭吃。或者装个病，也不是不可以。"

第三天，孩子的心情日记上写道："这两天妈妈不知道怎么回事，竟然不唠叨了。晚饭就管自己吃饭，没有规定我一定要吃什么菜。我看课外书也没说什么，只是告诉我9:30全家都熄灯，我问为什么，她也只淡淡地说了句'早睡早起'，便不再说话。难道妈妈生气了？还是身体不舒服？"我在上面写了句评语："的确有些奇怪，你想一想最近有没有做错事？今天回去主动关心一下妈妈吧。"

第四天，孩子的语文作业没有带。我说："要么重写一遍，要么打电话辛苦妈妈拍个照片给我看看。"他说："算了吧，我再写一遍吧。我妈昨天晚上就不在家。今天的早饭还是我爸给我泡的方便面。"我听出了孩子无奈的语气,他其实开始怀念妈妈的"唠叨"了。课间我给孩子的妈妈打了个电话,我告诉她孩子的反应,并建议她再给我发一条短信,内容可以是对孩子行为的苦恼,还可以是反思自己的教育方式,语气一定要充满无助。我告诉她这条短信我是准备给她儿子看的。

这天中午,我请男孩来我办公室,把他妈妈发给我的短信给他看了,并问他我该怎么回复。孩子不说话,我也不说话,给他一条小凳子坐下来。十分钟后,我又给他一支笔和一张纸,请他把想法写下来,就当作帮老师一个忙。男孩子点头答应了。我便开始批作业。一个小时后,我的作业批完了,午休也快结束了,他还没有写完。我看了一下,就写了三句话:我知道我的问题在哪里了,我会尽量改正,但是我希望妈妈同一件事,对我说一遍就好。我也想跟妈妈提个建议:不要把我的事"昭告天下"。

我看了,问他是不是写不出来了。他说:"其实有很多话想说,总结起来就是这三句话。"我表扬他的概括能力很强,也同意他的观点:"能简单表明观点就绝不拖泥带水,说得多效果不一定好。"他听到"说得多效果不一定好"时,竟然笑了,一扫之前的阴霾。之后我就让他回去了。

之后,我经常跟这位家长联系,教给她如何对孩子进行"无声胜有声"的爱,不断地跟她强调:"孩子大了,道理都懂,只是缺乏执行力,你要做的就是态度坚定,语言简洁。提要求的过程中只要跟他明确他必须干什么,尽量不用评价性的语言。如果一下子达不到你的要求，你就给他约定时间就可以了。千万不可一直在旁边絮絮叨叨，否则会起到反效果。"这位家长听了我的建议，尽量少说教、少评价，母子关系得到一定的改善。

很多家长因为太爱自己的孩子了，往往会"恨铁不成钢"。很多老师太希望学生达到一定的高度，也常常会"恨铁不成钢"。我总是在反思：爱他人，明明是一个非常美妙的过程，为什么会在爱的过程中产生无助、生气甚至愤怒呢？原因大概就是说得太多，做得太多，导致被爱者不接受甚至反抗这样的爱，于是爱就演变成权衡和对比，施爱者就开始逐渐暴躁、焦虑甚至充满怨气。这个时候，师长应该适当地收敛自己爱的表现，不要再继续把眼光聚焦到孩子身上了，让我们在孩子面前安静下来。当我们不再全身心地盯着孩子的行为，不再反复地说些强调性的话语，孩子反而会靠近我们。

再反观我们的孩子，常常表现出对父母和老师的不屑，有时对师长唯恐避之不及。可是被爱，明明是一个幸福愉悦的过程，为什么会排斥、讨厌甚至逃避呢？我想很大一部分原因是被关注得太多，而人本来就是一个自我意识很强的个体，特别是刚刚进入青春期的孩子。如果身边的师长一直以"为你好"为前提不断地提醒，不断地要求，长此以往，就会对这样的爱产生厌烦的情绪。就像是给我们放一首优美的曲子，一开始听，很是享受，可是如果不断地单曲循环播放，对于听的人来说，就会产生审美疲劳，不想再听下去了，虽然曲子仍然是之前的那首曲子。如果当时听了一遍，就不放了，过几天再播放一次，我们听到那样的旋律则会有一种魂牵梦绕的感觉。所以，孩子真的需要"静静"。当孩子周围的世界突然一下子安静下来，没有絮絮叨叨的声音，也没有时刻盯着的眼光，他反而会思考自己的行为，继而明白师长先前为什么会这么做，甚至会怀念被爱的时光。当孩子主动品味爱的时候，他们其实也就慢慢学会了反思自己，约束自己，进而提升自己。

记得刚踏上工作岗位的时候，有位非常优秀的老教师跟我分享班级管理经验的时候说："作为一名班主任，你要发挥蚂蟥精神，死盯不放。"这位老师带的班级年年被为美好班级。于是我每天事无巨细地管理着班级，我经常对我们班学生说："我管你是为你好。别班的同学我才不会这样盯着他们呢！"可随着年级的增高，我渐渐发现我这么做，真的有点"吃力不讨好"。记得上一届学生，刚刚进入六年级的时候，几个女生突然喜欢剪了很长的刘海，遮住自己的半边脸。我就锲而不舍地盯着她们把刘海梳上去，或者亲自用发卡给她们夹住。可我一转身，刘海又"挂"在脸颊两边。我实在想不通，这样的刘海有什么好看的？我给她们看建党一百周年典礼上领诵的那名女生，问她们露出光洁的额头是不是很精神？她们不说话，我以为她们会把头发梳上去，可结果并没有。我跟她们的母亲联系，可效果甚微。既然说教和盯都没有用，那就放弃？不，我应该扩大教育的空间。

首先，不说话，从自我做起。我每天把披肩发扎起来，而且扎得很高，露出高高的额头。其次，给学生换个角度审视自我形象。每天中午吃完饭，我请女生们去卫生间对着镜子，整理一下头发和红领巾。一段时间后，那几个女生头发梳上去了！由此看来，在不同的阶段，对孩子的关注度是不一样的。对于小学高段，"盯"得紧，教育效果真的会适得其反。所以，我们要学会"闭嘴"，学会"转身"，给孩子一个相对宁静的环境。当然，"无声胜有声"并不是绝对的闭口不说，而是不持续说。我们应该把更多的精力放在"看"上面。多观察孩子的行为，多思考现象背后的原因，多创造孩子除学习和生活外的"第三空间"，让他们在暂时的"无声"时空里思考和品味爱，提高认识，主动做出选择。

2022年北京冬奥会主题曲《一起向未来》，有两句是这样唱的："我们都需要爱，大家把手牵起来……我们都拥有爱，来把所有的门打开在我们……"当我和我的学生在班级开学第一课一起唱完这首歌的时候，领会了爱的两层含义：一是热爱，二是互爱。热爱，是前进的动力，而互爱，是让我们在美好教育场里，携手走得更远。我希望，我们的互爱要有"大象无形"的悠远，学生能看见爱，学会爱自己；我们的互爱要有"计白当黑"的境界，学生会憧憬美好的未来，激发爱的能力；我们的互爱要有"无声胜有声"的韵味，学生懂得约束和提升自己，进而给周围的人带来美好的影响。

希望通过这个典型案例中的做法，能给大家带来一定的启发。

第二节 家校合作中的仪式之美

　　教育是一项需要家庭、学校、社区、社会等都需要关注的综合性事业，而家庭和学校更是教育实施最直接的两个基点，二者相辅相成，不可偏废。在国家推行"双减"政策的背景下，家校共育更是教育的必然选择。真正的家校共育是家长能够负起家庭教育的责任，学校能够很好地完成学校教育，且二者紧密配合，相互合作，共同完成孩子的教育大计。学校与家庭要做到更好地配合，更完美地合作，班主任起着关键的作用。在与家长十多年的交往过程中，我发现几乎每一届家长都有一个共同点：他们想"看见"孩子所在集体的能量，他们也需要被"看见"自己的能量。在"看见"与"被看见"之间，家长的责任素养就逐渐养成了。于是，我也在这个过程中结合美育思想摸索出一套全新的理念和做法：在家校活动中举行相应的仪式，以此增强家长在集体活动中的归属感，提高家长在家校合作中的责任感，从而更好地凝聚家长的力量，共同打造美好教育场。

　　仪式是人类最为古老的一种活动，它伴随并推动了人类文明的进程，承载了大量的审美元素：庄严慎重的程序，特定的场景以及语言、器具等。参加仪式其实就是参加一场审美活动，受到美的影响和熏陶，产生情感与心灵的触动。法国作家安东尼·德·圣埃克苏佩里在其著作《小王子》中写道："仪式就是使某一天与其他日子不同，使某一时刻与其他时刻不同。"其实无论是成人还是孩子，在其一定范围内的群体活动中，举行相应的仪式便可传达着特定的信息，代表着约定俗成的认同感。因此，庄严的仪式可以促使集体中的人有一定的归属感，从而更加严肃认真地对待自己的行为，更加积极努力地去履行自身所承担的责任。

在庄严的仪式过程中，所有参与仪式的人都能产生强烈的仪式感，而仪式感是人们表达内心情感最直接的方式，能唤醒我们对内心的尊重。家长在仪式中对孩子所在班级的认同，也让自己被班级里的老师、学生和家长认同，这样就有了认同感。

与此同时，对集体也有了归属感。如果家长在集体中有了认同感和自豪感，自然而然会对这个集体的领导者——班主任产生一定的信任感。

如此，建立在归属感、认同感和信任感的基础上，家长的责任意识和集体意识就激发出来了，那么在家校合作中，每位家长会全力以赴地肩负起自己在家校共育中所应承担的个人责任。由此可见，在家校合作的活动中举行相应的仪式能在提升个体责任素养方面产生积极的影响和作用。

近年来，在家校合作活动中，我一共设计了以下几项仪式，按照前后时间推进，家长在极具美感的仪式中逐步提升责任素养，在家校联动的影响下积极主动地探索践行家庭教育，如表8-1所示：

表8-1　家校合作仪式分类

仪式名称	仪式时间	仪式目标	仪式内容
上岗仪式	期初动员会	产生集体归属感，主动参与班级建设	举行新学期志愿者/家委会上岗仪式
分享仪式	期中家长会	激发同伴认同感，增强家庭教育的内驱力	举行读书沙龙和育儿经验分享仪式
颁奖仪式	期末生日会	提升家校信任感，促进家校合作深度和广度	举行孩子心中的"好爸好妈"颁奖仪式

以审美为核心的仪式，一定可以使仪式参与者之间产生情感共鸣，也一定能促成仪式参与者情感和精神的升华。我希望，在每一场仪式中，家校之间能形成一个体验美、创造美的"能量场"。所以，不仅每一场仪式活动的流程是完整有序的，而且贯穿了艺术表演的形式。流程如图8-1所示：

我们先来谈班级建设中家校合作的"岗位聘请"仪式活动。美好班级建设，无论是环境建设、文化建设还是精神建设，不仅需要学生和老师的共同参与，也需要家长积极参与其中。其实家校合作就是从共建美好班级拉开序幕的。每个集体都有特别低调的家长，也有非常热心的家长，还有在"家校之交"过程中表现得淡如水的群体。如何激发家长参与班级建设的热情？如何将家长的热情转化为科学的家校合作的方式？如何发挥班级家长的中坚力量？需要班主任的挖掘与合理安排。不过，我们长时间做班主任的老师都知道：当我们刚开始和家长接触的时候，特别是小学低段，家长对班级动态反应是积极迅速的，参与班级建设也是表现得很主动，甚至是"八仙过海，各显神

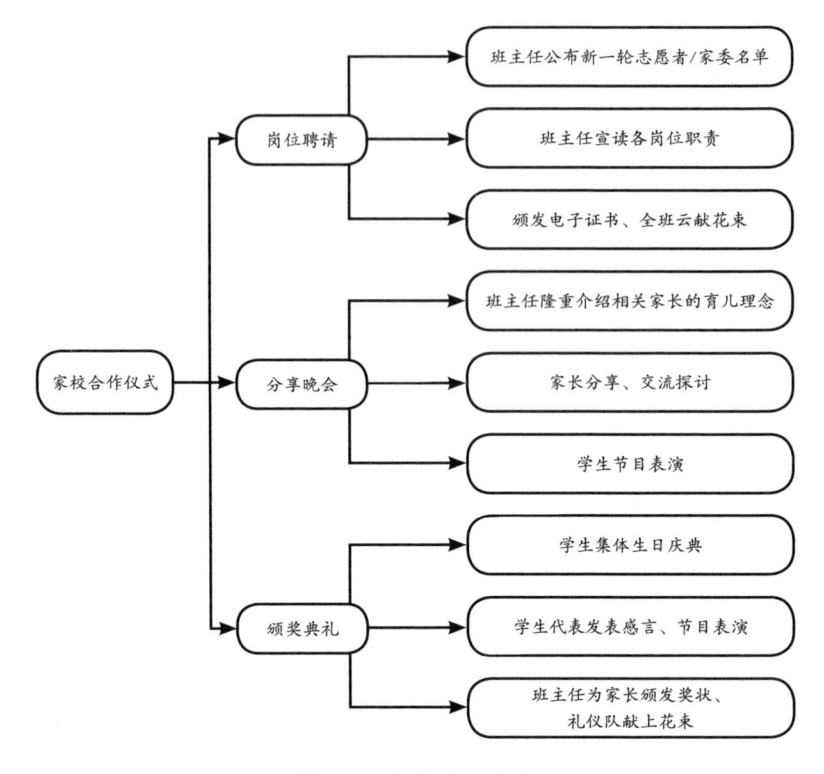

```
                                    ┌─── 班主任公布新一轮志愿者/家委名单
                        ┌── 岗位聘请 ─┼─── 班主任宣读各岗位职责
                        │            └─── 颁发电子证书、全班云献花束
                        │
                        │            ┌─── 班主任隆重介绍相关家长的育儿理念
            家校合作仪式 ─┼── 分享晚会 ─┼─── 家长分享、交流探讨
                        │            └─── 学生节目表演
                        │
                        │            ┌─── 学生集体生日庆典
                        └── 颁奖典礼 ─┼─── 学生代表发表感言、节目表演
                                     └─── 班主任为家长颁发奖状、
                                          礼仪队献上花束
```

图8-1　家校合作仪式

通"；过了一两年后或者孩子升入高段时，班级群里的热度就逐渐减退了，家校合作自然也就淡了下来。这也是正常现象，要不然怎么会有"人生若只如初见"的诗意感慨呢？所以，除了挖掘家长的能力特点以合理安排家长参与班级建设的时间和内容，还要给予家长参与班级建设的仪式感——举行家长志愿者或家委会成员岗位聘请的"云仪式"。让家长在仪式中产生班级归属感，从而给孩子带来积极正面的影响。如此，在班主任这位"大家长"的引领下，家长、孩子共同把班级当成自己的家来建设。

　　无论是课堂教学还是班级管理，我都关注每一个个体，通过各种策略让每一个学生积极参与到课堂学习和班级活动中来，从不会忽略任何一个孩子。同样的，班级建设过程中的家校合作，我也是在不影响家长工作的前提下尽量让每一位家长加入我们的队伍中来。因此，每个学期初都要举行岗位聘请仪式。家委会成员是自荐和他荐，每一学年换一次。每个学期的8名志愿者一般按照学生学号进行轮流承担。虽然家长都明确和同意这样的班级举措，但是该有的仪式是一次也不会落下。

岗位聘请仪式由班主任主持，于开学前两天的晚上8:00在班级群里进行线上直播，时间在15~20分钟。由于家长都有各自的工作和事务要忙，且采用线上直播的方式来举行岗位聘请仪式的时间也不宜太久，否则效果反而会差一些。下面以家长志愿者聘请仪式为例来具体阐述仪式过程。首先，以光荣榜的形式公布新学期新一轮的志愿者名单，并配以由中国人民解放军军乐团演奏的《光荣的凯旋》旋律，宣读完名单后致感谢词，当然，每一个学期的感谢词都是由班主任撰写，内容从不重合。其次，班主任郑重邀请家委会主任宣读家长志愿者的岗位职责以及要求。最后，班主任为新学期的家长志愿者颁发电子证书。证书颁发结束后播放班级合唱队同学共同献唱的《志愿者之歌》视频，与此同时由班主任和家委会主任带头向志愿者"云献花"。每个学期期初举行这样的聘请仪式，家长便会产生集体归属感，主动参与到班级建设中来。

我们再谈家校合作仪式活动中的"分享晚会"仪式。马斯洛需要层次的金字塔尖是自我实现的需要，我认为每个人有"被看见"的需要，家长尤为如此。不过，我们的很多家长往往被班主任和任课老师看到他们的"短板"。我们一般和家长沟通时，都是孩子在学校出现问题的时候。在沟通的过程中往往都是先说现象，然后根据自己的经验分析这样的现象是因为家长督促不够等原因造成的。最后像教育孩子一样苦口婆心地跟家长支招，对方该如何如何做。在这个过程中，比较有配合的家长会连声承诺会按老师的要求做，也会有一部分家长因为老师"告状"次数多了，就会产生反感的心理——嘴巴应着，心里却巴望着老师快点结束谈话。因此，家长需要的是被老师看见他们在家庭教育过程中付出的努力，他们在潜意识里希望老师在指出孩子的不足以及家长的不当之处的同时，能够再稍微肯定一下自己，所谓"没有功劳还有苦劳"呢。特别是在当下，我可以说绝大部分家长都是用心在教育孩子的，只是没有达到我们的要求或其他家庭教育的平均水平而已。我们要想想，五个手指头伸出来还有长短呢。可见，作为一名老师特别是班主任，一定要学会并持久地"看见"家长在家庭教育中付出的努力，肯定他们在教育过程中的闪光点。

"分享晚会"仪式通常在期中的家长会举行。当天，我会带领班级五位清洁组组长把教室打扫得一尘不染，并把桌椅摆成活动沙龙的形式。然后带领班级的宣传组五位成员在黑板上布置好当天分享的主题，让家长一走进教室首先从环境布置上感受到晚会的郑重其事，增添当天参与分享家长的认同感。分享晚会主持由班级解说组的成员担任。

晚会伊始，主持人邀请班主任上台隆重介绍当天参与分享的家长以及相关的育儿理念。介绍的内容是文字结合家长育儿的场景视频。

家长及育儿理念介绍完之后，便是读书沙龙。内容是"辨书·辩书·变书"。班主任和家长们就上个学期共读的一本家庭教育类书籍进行辨析、辩论和变更。所谓尽信书不如无书，请四位家长作为组长，带领自己的组员就书中的一个与现实教育中有所偏颇的内容进行辨析，理论结合实际，探讨出符合自己现实情况的做法。四位组长分别分享本组的观点。随之班主任呈现一个家庭教育的案例，请四组家庭成员结合书中的观点进行辩论。辩论结束后班主任引导家长们在平时阅读中还要善于就书中的理论结合家庭教育实际进行创新，变为适合自己家庭、适合自己孩子的教育理念。

以上读书沙龙的内容用时为40分钟左右。班主任总结完读书的"辨·辩·变"三部曲后，请刚才担任组长的四位家长进行育儿理念分享，时间每人5分钟左右。

"分享晚会"的最后一个环节由学生为家长们献上精彩的节目表演。每个学期表演的学生不一样，表演的形式也根据学生不同的特点和长处不尽相同。有语言表演、歌唱表演、舞蹈表演、竞技表演等。节目表演把"分享晚会"仪式推向高潮。最后主持人声情并茂地总结，仪式在家长感动与感慨中落下帷幕。

其实，我和其他家长在"看见"分享晚会仪式中呈现出来的家庭教育的精彩，就是一个审美的过程。如果我们都能看到家长在家庭教育中的美好，我们就会不自觉地受到影响。在潜移默化中思考如何更好地履行和发挥学校教育的职责与功能，如何更好地给学生赋能，如何更好地实现自己的教育价值。当我们学校教育做得有声有色时，自然而然也被家长"看见"了，我们也完成了自我实现的需要，同时也是对家庭教育的促动。如此，学校与家庭教育之间就形成良性循环。如果说"看见"是发现美的过程，那么"被看见"就是创造美的过程。"分享晚会"仪式就是架构起发现美与创造美的桥梁。每个学期期中的家长会举行"分享晚会"仪式，激发了对家长同伴的认同。家长在互相探讨、互相学习中增强家庭教育的内驱力。

我们继续谈家校合作中的"颁奖典礼"。"颁奖典礼"在学生的集体生日会上举行，一年举行两次，家长志愿参加，如果获奖的家长不能来现场，就请他的孩子帮忙接受表彰，然后将获奖证书带回家。

每年我都会为班级的学生举行集体生日会：上半年出生的孩子在"六一"儿童节那天举行，下半年出生的孩子在元旦前一天举行。目的是希望孩子们在生日庆典中感受生命的意义：学会敬畏、学会感恩。孩子在集体生日庆典中自然而然会想到给予自己生命和赋予自己生命能量的父母，所以在孩子的生日庆典上为家长颁奖，就更加有意义了：原来付出与得到是一个良性循环。

家长颁奖典礼前期有两个流程铺垫——学生集体生日庆典和学生感言及节目表演。当天来参加活动的家长为孩子们点燃生日蜡烛，陪他们一起唱生日歌，看他们闭着眼睛认真许愿，和孩子们一起吃生日蛋糕。欢快的生日歌音乐一直回荡在教室里，直到蛋糕吃完。彼时换上舒缓抒情的轻音乐，当天过集体生日的每一位同学在音乐声中深情表达对父母的感激和敬佩之情。没有到场的家长也不会有遗憾，宣传组的同学会用老师的手机将每一位同学现场的感言录制下来，制作成小视频发到班级群里。在深情表白之后，便是精彩的节目表演了。这些节目都是为今天到来的嘉宾——家长们准备的。小品、相声、唱歌、舞蹈等丰富的节目将生日庆典推向高潮，家长们的情感也渐渐丰盈起来。

学生节目表演结束后，参加本学期"感动班级十大家长"表彰的家长在激昂的音乐声和孩子们热烈的掌声中闪亮登场。班级语言表演组的成员诵读颁奖词，班主任为家长们颁发获奖证书，班级礼仪队的同学为家长献上同学们手工制作的花束。颁奖典礼在掌声中结束。

当孩子们在集体生日当天精神抖擞地站在父母面前，当孩子们动情地发表生日感言时，当孩子们尽情展示自己的才艺时，这都是对父母最大的回报。这过程中展现出来个体的形象美、语言美和艺术美，以及整个仪式过程中呈现出来的秩序美，都能给家长带来别样的心灵冲击：这是自己创造的生命在闪光啊。这种高级的审美体验所带来的满足感是美妙绝伦的。在家长满足感抵达高峰时，再进行颁奖，这便是最好的肯定了吧。这世界上还有什么事情能够比在孩子面前接受表彰更幸福、更有价值呢？每个学期的期末，举行这样的颁奖典礼，家长能切切实实地感受到孩子的成长、班主任的真诚，他们内心是感动的，如此便更加信任学校，信任班级的引领者，促进了家校合作的深度和广度。

以上三种不同的仪式，虽然每一次的流程都相似，但每一次具体的仪式内容却是不尽相同的，都有创新的表现方式，避免"仪式疲劳"。仪式感中的音乐美、语言美、舞台美，等等，让家长在进行审美体验中激发家长对孩子所在班级的情感，树立正确的家庭教育观。在班主任的引导以及其他家长的示范下明确家庭教育的要求与目标，真正履行家庭教育的责任。在孩子的见证下，进一步提升家长家庭教育的责任与素养。

第三节　社会行动中的崇高之美

在现实中，我们不仅需要宁静平和的美，也需要强烈震撼的美，这种美就是崇高。作为一个审美范畴，是一种矛盾冲突的审美形态。康德说："崇高是一种不愉快的感觉。"这是崇高的第一阶段，即感性的生命受到抗拒和冲击，产生痛感。在"瞬间的生命力的阻滞"之后，立刻产生"生命力更加强烈的喷射"，从而获得激动人心的精神愉悦。这是崇高的第二阶段。由此可见，崇高感是一种过渡性的、动态的和充满矛盾冲突的，而又相对高级的审美体验。

假如没有崇高，"美就会使我们忘记自己的尊严。我们被连接不断的快感弄得虚弱松懈，就会丧失性格的朝气蓬勃……"可见，崇高令人脱俗，是一种精神力量，激发人们在逆境中的斗志。《孟子·告子上》中也有一段话："生，亦我所欲也；义，亦我所欲也，二者不可兼得，舍生而取义也。"这段话又体现了崇高的道德感：人不仅有避死趋生的本能，也有舍生取义的道德使命感。因此，我们要通过合适的途径有意识地对学生进行崇高教育。

当然，崇高教育不太适合幼儿。不过，随着学生年龄的增长,他们"自我意识、社会意识、道德意识、历史意识甚至全球意识有较大的发展",审美的"情感投射能力也逐渐增强",在生活中经历对立、矛盾、冲突甚至是丑恶后,会产生思考,明辨是非,精神需要在矛盾中得到更高层次的升华,以此来获得一定的崇高感。

那么如何满足小学中高段学生对崇高感的审美需求?曾经让孩子们读古今中外的人物传记的读书活动,孩子们的思想受到了比较积极的影响,这是崇高思想的初步输入。孩子们更需要在实际行动中获得这样高级的审美体验。

德国社会学家马克斯·韦伯最早提出了"社会行动"这一词语。社会行动包括个人行动和群体行动,包括行动的目的、手段、结果和活动本身。但它不同于一般的社会活动,它具有社会因素,旨在改变其他人的个人行为。

记得有一届学生在三年级暑假的时候,我们开展了垃圾分类的社会行动,从那时候开始我便开始结合社会行动来探索崇高教育。当学生在四年级寒假时,新冠疫情开始了,我又结合这样的社会背景,继续开展崇高教育。

到了五六年级,我们又结合建党一百周年、杭州举办亚运会以及学校和上级部门布置的德育活动,开展了一系列社会行动,在行动中渗透崇高教育。

每一种社会行动都是一行动体系,以下是我们班级自四年级开始持续开展的四项社会行动,如表8-2所示。

表8-2 四项社会行动

形式与主题	行动目的	手段与过程	行动结果
小队行动：垃圾去哪儿	树立垃圾分类意识；宣传垃圾分类方法；践行垃圾分类，提高保护环境的社会责任感	外出参观：垃圾处理中心；参与活动：小区和街道垃圾分类活动；长期践行：落实班级、家庭垃圾分类	懂得垃圾分类的意义和方法；个人带动群体，人人践行垃圾分类
个人行动/班级行动：科学抗病毒	珍惜生命，敬畏生命，丰盈生命；汲取抗疫英雄的精神力量；树立崇高的价值观：为国家和人民付出是一种光荣	收集整理资料：新冠病毒的传播与危害；开展云端班会课：科学家、医务工作者对抗病毒的事迹与成果；录制视频：通过自媒体为老人讲解科学防疫	形成了服从安排的大局观；改变观念，由"怎么办"转为"怎么做"。学科学，追真正值得追的"星"
小队行动：追光者	追寻乐于奉献、勇于创新的职业精神，埋下理想的种子；懂得生命崇高之美在于为他人、为国家、为社会创造价值，带来希望之光	观看扶贫电视剧：《山海情》片段；制作先锋报：寻访杭城各个行业的党员先锋并制作先锋报；讲述榜样故事：采访老师、家长的先进事迹并讲述	班级工作尽职尽责，学会了想办法克服困难；推广先锋的"光"，让更多的人发"光"
共同行动：跑迎亚运	懂得坚持的意义，获取坚持的力量；以小见大，用跑步营造迎亚运的社会氛围；学会用行动来表达自豪与热爱	常规跑：上学期间师生每日绕操场跑五圈；创意跑：周末利用APP跑出自己喜欢的轨迹图形；亲子跑：组建家庭跑步团队，形成固定的"运动圈"	养成坚持运动的好习惯；跑出毅力，跑出乐趣，跑出情感，跑出全民运动的氛围

这四项社会行动有个人行动、有小队行动，也有全班以及全家的共同行动。内容基本与社会热点及时事结合在一起。因为我所理解的社会行动的目的与意义就是在当下经历的社会变动中活动，在当下提倡的社会风尚下进行活动，在活动中觉醒，在活动中提升自己和改变他人，从而在一定的区域内形成有益的影响。其实，小学阶段的学生进行社会行动，毕竟力量还不够，形成的社会影响力是比较微弱的，开展这样的社会行动，更多的是为了渗透崇高教育，让学生在行动中获得崇高的审美体验。其中"垃圾去哪儿"的小队实践活动是激发学生的道德使命感，初步形成社会责任感的意识；"科学抗病毒"与"最光者"行动，是让学生学会在逆境中获得精神力量，初步形成个人的人生理想；"跑迎亚运"则是结合所在城市举办的体育盛事，关注并融入城市发展，形成积极的生活和学习态度。下面分别从这四个方面来阐述。

班级、家庭、社会是学生学习生活的全部场所，他们是学生、是孩子，也是一个完整的社会人。学生在家庭和社会生活中，大人们的言行、各种社会现象都直接给他们带来影响。我们要保护孩子的纯真，但不可能把孩子放在一个绝对美好的环境里成长，他们不可避免也是有必要去看到和经历一些不良现象，在"丑陋"中觉醒，更好地追求"优美"，在思想的变化中逐渐形成崇高的审美形态。

2018年，我接手了一个三年级新班级。我记得当时班级里摆放了两个垃圾桶：一个是厨余垃圾桶，另一个是可回收垃圾桶。可是我却发现，这两个垃圾桶并没有起到很好的分类作用。于是，我开了关于垃圾分类的班会课，希望孩子们能做好垃圾分类，让班级环境更美好。班会课开完后的一个星期内的确收到了很好的效果。后来学校德育处也在重点推"垃圾分类"的管理项目，每天都有执勤队员来检查垃圾桶，效果很不错。不过，这是建立在不给班级扣分的基础上的。如果执勤队员一个星期不来班级检查，那么垃圾又会乱投放了。由此可见，让学生做好垃圾分类这件事，光靠班级的引导与学校的约束是不够的。作为班主任，我们要善于打开教育空间，带领学生走出教室，走出校门，来到更广阔的社区、街道，或者城市的其他地方，寻找教育资源。教育的角度与手段也要改变，不要总是告诉他们要怎么做，而是要让他们在实际行动中明白自己该怎么做。

于是，在三年级暑假期间，班级组建了三支实践小分队，步入社会，开始了主题为"垃圾去哪儿"的垃圾分类行动。旨在改变自己，也给其他人带来积极的影响。

首先，他们来到垃圾生态处理中心。亲眼见识垃圾分类处理的过程。这个过程中，他们自己会看，会听，会思考：城市一天产生如此多的垃圾，如果不分类处理，会怎样？让他们的心灵达到一种"细思极恐"的效果。因为只有亲眼所见，才会真正意识到垃圾分类的重要性。在第一阶段的行动中，他们完成了思想意识的改变。

其次，实践小分队分别来到小区、商场、超市以及街道路旁等地方，调查城市不同场所垃圾分类的现状，通过图表、照片等形式记录下来。在触目惊心与有序分类的对比中，思想得到升华：进行垃圾分类是多么好的一件事儿。在此基础上，再进行垃圾分类的宣传。他们拿着自制的宣传手册跟小区里的老人们讲解垃圾分类的方法；拿着自制的宣传扇子向逛商场超市的人们呼吁垃圾分类的重要性；拿着自己设计的环保袋请求街上的行人停下脚步听他们讲垃圾分类的紧迫性……在第二阶段的行动中，他们再次唤醒内心对垃圾分类的追求。更重要的是，他们通过自己的行动，呼吁着城市的陌生人一起进行垃圾分类，也许只是一束微光，但毕竟是在发光、在照亮。

经过前面两个行动，学生自然而然地形成了垃圾分类的意识，并逐渐养成习惯。在第三阶段的行动中，就需要家长的支持与配合，那就是给孩子安排一个专门的任务，每天负责家里的垃圾清理工作。于是，他们就成为家庭专业的垃圾投放员。想想看啊，我们的孩子还在三年级，自我意识、责任意识刚刚萌发，只要给他们一个"头衔"，就等于是给他们极大的肯定啊。既然是专业的垃圾投放员，那他们一定是一丝不苟地完成这项家庭工作的。他们极其认真地在家里准备好不同的垃圾桶，又极其认真地监督家里人正确投放垃圾。当其他家庭成员没有按要求把垃圾放到相应的垃圾桶里，那就意味着他要整理，重新分类。这样的情况他们不乐意看到，所以便会严格地督促家里人正确地把垃圾扔到相应的垃圾桶里。这样，他们最后扔到小区里的垃圾箱就方便多了。如此一来，在这个阶段中，孩子的行动又改变了家庭的习惯，让家里的每一位成员都参与到垃圾分类中来。

"垃圾去哪儿"的一系列行动，让学生从改变自己做起，进而逐步影响到社会和身边的人，在不知不觉中，给孩子传递了每一个人都应该承担一定的社会责任的意识。在小队的行动中，他们互相鼓励，共同领悟，初步感受到自己的行动是不一般的，因为，他们一起做了一件有意义的好事。其实，在这个过程中，他们不知不觉地体会到了崇高之美。

2020年伊始，全球爆发新冠疫情，如今已是第三个年头。这三年里，我们老师和学生一起经历了隔离、核酸检测和线上学习。鲁迅在《论雷峰塔的倒掉》中说："悲剧是将人生有价值的东西毁灭给人看。"在这三年里，我们不再有"世界那么大，我想去看看"的潇洒，甚至一次又一次地错过春天的繁花，我们美好的生活就这样被病毒影响了。但是，在毁灭中却有不一样的悲壮美：那些不眠不休的社区工作人员，那些义无反顾的医务工作者，那些日夜研发疫苗的科学家，以及我们伟大的祖国和强大的政府。这些都应该让学生看见，让学生的心灵受到强烈的冲击。以此带领、促进学生思考：关于生命的理解，关于人生的价值，关于将来的理想，等等。

首先，线上组织居家隔离的学生搜集整理新冠病毒的传播方式和危害。疫情刚开始的时候，人们从不同的信息渠道了解到病毒的可怕与猖狂，人类似乎无力反击，每个人都谈"病毒"色变，老百姓沉浸在恐慌之中，我们的学生也不例外。在这种情况下，最好的安抚是激发学生的理性思维，具体深入了解病毒，而不是跟随父母、跟随自媒体平台上的各种短视频盲目揣测。在面对突发事件时，每个人都应该具备临危不乱、理性对待的素养。"越是害怕，越是要深入了解"，这是当时我在线上组织学生搜集整理相关资料说的一句话。学生通过查阅资料，或分类摘录，或整理成思维导图，或制作成图文结合的手抄报，纷纷共享在班级群里，所有的任课老师看到了，其他同学和家长也看到了。全班深入了解了病毒传染性强、对肺部等器官有不可逆的伤害等特点后，反而没有一开始的慌乱了，而是在班级圈里自发激起了团结抗疫的氛围和勇气来。渐渐地，我发现家长的朋友圈、抖音等自媒体发出来的都是相信国家，积极配合社区居家隔离的正能量的信息。学生也在这样的行动中逐渐形成服从安排的大局观。

在此后的两年多时间里，面对反复的疫情，我们的学生都能坦然面对。出门戴口罩、不聚集或少聚集；居家隔离上网课时能做到主动自律。我们都在强烈地希望病毒早日消失，但我们又能理性客观面对每一次疫情的突然反扑。在这样的过程中，学生的思想也发生了改变，逐渐成熟起来，遇事由原来的"怎么办"变成现在的"怎么做"。"怎么做"，这是我们一生都应该具备且不断完善的能力。这种能力在平和的日子里是很难形成的，只有在遭遇困难和突发事件时，通过正面的引导和群体里积极的影响才能逐渐生成。

其次，开展云端班会课，全班同学再一次在线上行动起来，分组以不同的形式讲述国内外科学家、医学专家对抗病毒的事迹和成果。通过这样的行动，学生不仅增强了安全感，更是拓宽了原有的认知领域，心灵引起了极大的触动和震撼。病毒是可怕的，越是可怕，人类越是要与之抗争，直至征服它们。那么，谁去做这件危险而伟大的事情？如果仅凭个人的能力，能不能形成抗争的力量？学生在搜集事迹与成果之前，首先思考这两个问题。第一个问题是感知何为崇高精神，第二个问题是感知国家政府支持和团队合作的力量。建立在这样的感知基础上，学生自然而然会联系生活实际来对比感受：我们在居家远离病毒，可那些科学家和医学专家却在零距离研究病毒。在如此巨大的反差下，学生自然明白了谁才是真正的英雄，谁才是值得我们去崇拜和追随的明星。

当每一组学生在云端班会课上从不同方面分享相关科学家和医学专家的事迹与成果时，学生更是懂得了：如果光有悬壶济世的思想没有相应的能力，是无法从事研究工作的；可个人的能力再强，如果没有强烈的社会责任感和崇高的精神，便不会勇敢地做如此伟大的事情；即使团队的力量再强大，如果没有国家和政府的支持，也很难取得如此成果。只有个人能力与精神统一，只有团队背后有强大的支撑力量，才可以完成伟大的壮举。在这样的社会大背景下，利用云端班会课的特殊途径，给学生渗透有关生命的意义与价值，进行理想和爱国爱党的教育，取得了良好的效果。

当学生在认知与情感方面都得到崇高的体验后，便会有"我也想做一些力所能及的事"的意愿。做什么呢？录制视频为家里的老人讲解如何科学防疫并通过自媒体平台告诉更多的老人。这个行动是疫情之下"怎么做"的升级版，也是第二个行动情感升华后的实际行动。为什么讲解对象是老人呢？一是因为老人家的确不知道如何科学地防疫，二是有些老人家思想可能比较固执，但容易被孩子的言行感化。

如何将科学防疫的做法生动地表达出来呢？可以是快板、儿歌。如果家里还有兄弟姐妹，还可以合作三句半、小品故事，等等。因为老人年纪大了，习惯说教别人，并不喜欢被说教。当他们看到这些可爱的孩子，用有趣的方式来告诉他们该怎么做，情感上更容易接受，这样就达到了事半功倍的效果。

新冠肺炎疫情期间，我们的孩子进行了以上行动，在改变自己和改变他人的过程中，体验着崇高之美，应该是他们成长道路上一笔不小的财富。

2021年，中国共产党成立一百周年。记得7月3日休业式上，班级学生共同观看了建党一百周年大会的回放，当学生一起静静地观看屏幕上那庄严的场面时，他们的内心是有所触动的：他们观察现场观众的坐姿与表情，他们思考习近平主席讲话。特别是共青团代表和少先队员代表演讲的时候，他们的内心更加澎湃了。所以在这具有历史意义的一年，学生应该有进一步的行动，以此进一步增强爱国爱党之情，探索生命的价值与意义，感悟生命的崇高之美。这一系列的行动主题，我们把它名为"追光者"，因为伟大的历史与时代是千千万万有责任、有担当、有付出甚至牺牲的人创造的，他们追求光明，他们也给祖国和人民带来光明。过去的历史与英雄值得永远铭记，铭记的最好方式是传承——探寻当下的时代先锋，学习他们的精神，未来也能成为一个推动时代发展创造美好的人。故在"追光者"系列行动中，学生以小队为单位去寻找扶贫干部、先锋人物以及身边的榜样这些闪光人物来体验时代精神的崇高之美，明确在现在、将来自己应该成为一个怎样的人。

首先，推荐学生看扶贫题材的电视剧《山海情》的相关情节。学生在跌宕起伏的情节中感悟人物形象：勇于突破困境，与挫折不懈斗争；学生在对人物形象的审美体验中体悟崇高的精神：敢于承担、勇往直前、无私奉献。孩子们知道艺术来源于生活，故观看电视剧的同时，他们询问家里的大人老家有没有类似的扶贫干部。或者上网查找现实中扶贫干部的处事智慧、杰出贡献以及感人事迹。之后，小队成员集中来一次交流讨论自己的收获，并记录下来。以追寻乐于奉献、勇于创新的职业精神为目的的第一阶段的行动，学生心中的理想再一次具体化。他们化感动为现实的力量，对待班级工作尽职尽责，学会了想办法克服困难。

接下来的行动是寻访杭城各个行业的党员先锋并制作先锋报。所谓"三百六十行，行行出状元"，不同的小队寻访不同岗位的先锋人物：工厂职工、公交司机、交警、社区干部、建筑师、医护人员，等等。学生寻访的都是普通的但生活中不可或缺的职业——越是普通岗位上的先进工作者，越是能体现出他们的不平凡。环境往往是激发情感的最佳途径。当学生来到机器轰响的车间，来到车水马龙的交通道路，来到尘土飞扬的工地，来到拥挤的医院门诊大楼，亲眼目睹这些工作者长时间保持专注地在艰苦的环境里工作着，不用开口访问，心灵已经受到触动。当学生进一步面对面地了解他们工作的内容以及亲眼见证他们工作的智慧，先锋的"光"便逐渐照亮孩子的心灵。学生继续访问他们的先进事迹，于是，关于责任与担当的，关于生命的意义与价值的，这些"光"，使得孩子们的心灵越来越"明亮"。当学生的内心变得充盈的时候，便会有分享的冲动与意愿，于是他们便通过制作"先锋报"的形式，将自己看到的"光"、吸收到的"光"散发出去。这样，更多的人可以看见"光"，更多的人愿意去追寻"光"，更多的人希望自己成为那一束"光"。

记得有一首歌叫《最熟悉的陌生人》，虽然是一首爱情歌曲，却也是道出了人与人之间的一种现状：越熟悉的人越会忽略对方的闪光之处。特别是与学生关系最近的老师和家长，因为熟悉，因为十分爱，很多时候孩子会把师长的崇高行为当作是一种理所当然。所以，"追光者"的小队行动第三阶段，是采访老师、家长的先进事迹，讲述身边榜样的故事。学生发现和挖掘身边人的闪光事迹，会形成一股最具影响和感染的力量，因为距离近，便会直击人心。因为距离近，一旦把"光"传播出来，便会形成直接和持续的"照亮"与影响。

通过"追光者"行动的三个阶段，学生便逐渐懂得生命崇高之美在于为他人、为国家、为社会创造价值，为身边的人带来希望之光。

2022年9月10日至25日，杭州举行第19届亚运会。对于杭州市民来说，这一体育盛事在家门口举行，是无比自豪的。每一个人都盼望着能进入场馆亲眼目睹赛事，但显然是不太能实现的。那么，如何迎接亚运会的到来呢？教育部门和其他社会各界都在两三年前开始行动起来：举行毅行、趣味运动会；举办亚运会画展、诗歌朗诵等。一系列的活动和大街小巷的宣传海报与广告营造了浓浓的迎接亚运会的氛围，同时也激发了人们的运动热情。面对这样的社会热点，我们班级也以自己的方式行动起来，以"跑"为切入口，通过不同的途径与方式，展示个人、家庭和集体的运动风采，用实际行动来表达热爱，以满足学生甚至家长"自豪的需要"。在这个过程中也是借助社会风向标来激活学生行动的能力，从而营造良好的精神氛围，引领学生在积极向上的集体中自豪地成长。

　　首先来谈"常规跑"。上学期间，只要天气允许且没有特殊情况，作为班主任，我和班级学生每天都会利用大课间的时间绕操场跑五圈，如此坚持了两个学期。因为学校里的坚持，很多学生放假期间，每天也会在小区或江边跑步，养成了坚持运动的习惯。其实，每到假期，学校都会请班主任布置一项体育作业，并填写运动记录卡。按道理来说，学生有这样的任务驱动，会去完成运动任务。事实上，一部分学生是没有去锻炼的，记录卡上只是一个数字而已。即使开学要进行假期相关运动的测试，对于那一部分学生来说，也没有多大的约束与促进作用。所以，我们需要"群体活动"来激活个体的运动意愿。上学期间，全班同学是在同一时间同一地点，班主任带领着全班同学一起跑的，在这样的共同行动下，除了特殊情况，不会出现"掉队"的学生。假期的运动，我们也可以以小组的形式来共同行动。我们提前将住在附近的学生分为一个小组，每天早上设置同一时间的闹钟，在保证安全的前提下，组长组织组员在同一地点汇合。除此之外，班主任也坚持每天准时起床去跑步，并拍一张照片发布到群里。如此，以班主任为"常规跑"的精神领袖，以组长为"常规跑"的领头羊，以"群体活动"的形式来共同运动，学生在这样的行动中获得坚持的力量，真正养成了坚持运动的好习惯。这对他们日后的学习、生活和工作都是十分有利的。而且，这种群体之间的积极影响，也会激活他们在其他方面的能量。

其次谈"创意跑"。学生总是喜欢在常规行动中玩出新花样，这也是他们创造力的体现。利用相关的APP记录自己跑出的运动轨迹，这给周末的跑步行动增添了无限的乐趣。阿基米德说："给我一个支点，我就能撬起整个地球。"其实，如果给学生一个创意，他们就能在行动中玩出无数的"花样"。班级掀起"创意跑"的风潮后，极大地激发了学生周末跑步的积极性。他们会去查找跑步达人的线路或提前设计规划好跑步路线，借助了各种运动软件来记录运动轨迹。孩子们在周末的清晨，用自己的双脚"画"出各种有趣的头尾相连的封闭图形。有的跑出一朵小花，一片叶子，一颗水滴，这些大自然中的景物往往是细腻有诗意的女生跑的轨迹；有的跑出一个大拇指，一个大脚掌，一块奇石，这一定是粗犷男生的"作品"；还有一些不规则的或是他人无法辨别的图形，不过这又有什么关系呢。关键是他们喜欢地图上记录的图形，他们很享受用双脚给大地"画"轨迹的过程，他们为自己创造的运动图形而自豪。想想看啊，每个周末的清晨，孩子们在班级群里分享着自己的运动轨迹，这里不存在着图形优劣的评比，只有互相欣赏，他们通过身体的运动，给自己的精神带来愉悦与满足，还有谁会不期待下一个周末的清晨的"创意跑"呢？一个行动，当行动者本身在不断地丰富趣味，不断地赋予创意与寓意的时候，且先不追求这个行动结果如何，其过程就是充满意义的。这样就不用担心这个行动无法进行下去，因为"创新"是行动持续的生命力。

最后谈"亲子跑"。当学生在乐此不疲地运动时，家长也逐渐加入了跑步的队伍。一开始是因为不放心孩子独自跑，后来便跑出乐趣来。在工作和家庭生活允许的情况下，很多家庭开始"全家总动员"。渐渐地，家庭与家庭之间，形成了固定的"运动圈"。如此一来，以跑步来营造迎接亚运会的社会氛围逐渐浓厚了，大人和孩子都怀着积极的心态来共同参与这项行动。除此之外，当人们共同进行一项充满正能量的行动时，人和人之间便会激发出一股向上的力量来。在"亲子跑"的过程中，家庭之间互相激活的能量也是不可估量的。他们互相加油打气，即使跑不动了也要咬牙坚持，毕竟谁也不想在众目睽睽之下做"逃兵"，这样的鼓励让每个家庭的每个成员学会在瓶颈期咬牙坚持。家长在陪伴孩子奔跑的过程中，看到了自己的孩子学习以外的表现，也看到了人家孩子和自家孩子的区别，更感受到了其他父母对育儿的不同理念和方法，于是在奔跑中升腾起前所未有的情感，默默改变对孩子固有的看法，改进育儿的方式。由此可见，群体之间的影响力是无穷的，很多积极的心理与崇高的思想就是在这样的社会行动中生成的。

　　从三年级到六年级，孩子的身体在成长，思想也日渐成熟。不可否认，如果我们没有进行以上四项社会行动，孩子们还是会如期长大，班级的使命也会如期完成。但是，我们进行了这四项社会行动，这是孩子在人生最初阶段接受的崇高教育，这将会给他们的一生奠定积极的审美基础，也将会给他们的一生带来积极的影响。当然，如果学生的思想和精神没有发展到一定的程度，他们也无法真正投入社会行动中，所谓的"崇高"或许就是某一句口号或者是一个冰冷而遥远的名词而已。只有当学生的道德感发展到一定程度并经历了一定的矛盾以及与优美相悖的事件，思想上受到冲击后，才能逐渐体会社会行动中的崇高之美，才会明白崇高是人生发展必须具备的美好的精神。故通过这四年多来的行动，老师和家长真真切切看到了思想和行动的成长。

首先，社会行动中无声的崇高教育提高了学生的审美情趣，树立正确的人生价值观。他们明白能给人类带来积极的美感体验是冲破困境迎来新生，而不是处在"舒适圈"里吃喝玩乐；他们懂得真正值得去追的明星是那些推动时代发展为人类和国家做出贡献的人，而不是仅仅拥有光鲜的外表却没有精神内涵的人；他们明确了生命存在的价值，树立正确的价值观。

其次，社会行动中有形的崇高教育让学生有脱离世俗的看法，不仅仅满足于感官享乐，更重要的是发展个体的精神力量，以积极的态度面对学习和生活。例如，疫情期间，孩子们都在家里上网课，笔者做过调查，独自在家上网课的学生是32人，占班级人数的76%。这些学生基本能做到上课专注，在规定的时间上传课后作业且及时订正。他们懂得互相取长补短，优化学习方法和学习时间。学生有了自律的意识和学习的动力。

再次，社会行动中升华崇高教育提升了学生的道德境界，初步形成民族大义的思想和意识。他们养成了关注时事的习惯，形成了评价时事的能力。班级有一部分孩子是每天看报纸的，也有一部分孩子上下学路上是听广播的，还有一部分孩子特别关注其他媒体发布的时事以及评论。他们关注的新闻有明星偷税逃税的新闻、有奥运会亚运会的进展、有教育科技方面的成果、有乡村建设和城市民生工程，还有国际上的一些热点与逸事等。到了六年级，学生的周记内容呈现了很多关于当下社会热点的评论，他们关注着身边的、社会层面的、国家层面的、国际层面的时事，用心思考，发表看法，思想相较于同龄人，达到了一定的高度。他们通过关注和评论，知道了什么该做，什么不该做；知道了什么值得颂扬，什么不该推崇；知道了什么时候应该努力，什么时候该保持一颗平常心。有时候，一个孩子感受到崇高之美后，往往会更容易获得价值感，更容易体会幸福。

最后，形成愉悦、和谐且积极向上的班级氛围，学校、家庭以及社区之间，共同形成了散发能量的教育场。学生的社会行动是在学校的老师指导下，由家长共同来参与，有时候还需要社区提供有利的资源和平台，这三者配合得好的话，便可以更好地促进学生自我成长，激活群体之间的能量，也会产生良好的社会影响。四年来，学生在多方面的引导和支持下，进行了"垃圾去哪儿""科学抗病毒""追光者"和"跑迎亚运"这四项社会行动，拓展了视野，升华了情感，提升了思想意识，开阔了心胸。学生看待问题都会相对比较成熟，当班级出现问题的时候，大部分孩子都能以大局为重，站在他人和班级的角度思考对策。他们在社会行动中已积累了一定的社会经验，学会了为人处事的方法，当然也赢得了家长与社会各界的认可与尊重。当他们满怀自豪感与价值感的时候，更会把自己最好的一面呈现出来，更愿意为班级、为家庭、为社会做力所能及的事情。而当家庭和社会接受到来自学生的能量时,也会进一步地反馈给老师,肯定学校的教育。由此,整个教育场便散发出无限的生机,不断升华着崇高之美。

《垃圾分类我先行》刘鑫雨绘

现就读于杭州市笕成中学

参考文献

[1]曾茂林.教育场概念的回顾与思考[J].四川师范大学学报（社会科学版），2003.30（5）.

[2]马斯洛.存在心理学探索[M].李文湉，译.云南：云南人民出版社，1987.

[3]杜卫.《美育论》（第2版）[M].北京：教育科学出版社，2014.

[4]亨利·戴维·梭罗.瓦尔登湖[M].李继宏，译.天津：天津人民出版社，2012.

[5]罗丹.罗丹艺术论[M].北京：人民美术出版社，2002.

[6]百度文库.室内设计的美学原理[M].2019.

[7]李哲.关于美学在室内装修中的应用研究[J].城市建设理论研究，2012, 35.

[8]王吉春.班级环境与班级文化建设初探[J].教育文汇报，2013（21）.

[9]梁启超.趣味教育与教育趣味[G]北京大学哲学系美学教研室.中国美学史资料选编：下册.北京：中华书局，2015.

[10]陈华胜.一座城市的精神传记[M].浙江:杭州出版社，2020.

[11]简默.湖心锦绣照湖山[M].浙江:杭州出版社，2018.

[12]李亚敏，刘娟.缔造完美教室——小学班本课程的开发与实践[M].北京：中国轻工业出版社，2014.

[13]李伟.班主任工作的系统方法[M].上海：华东师范大学出版社，

2014.

[14]裴素青.让班级文化落地生根[M].河南：大象出版社，2018.

[15]周一农.方言文化和推普效益[M].浙江：浙江社会科学出版社，1999.

[16]易中天.西北风东南雨·方言与文化[M].上海：上海文化出版社，2002.

[17]任俊.写给教育者的积极心理学[M].北京：中国轻工业出版社，2010.

[18]皮亚杰.皮亚杰学说及其发展[M].陈孝禅，等，译.湖南：湖南教育出版社，1983.

[19]史哲文."计白当黑"：邓石如的书、印、诗[J].光明日报，2019.

[20]宗白华.美学二十讲[M].刘悦笛主编，苏州：古吴轩出版社，2021.

[21]张志坤.仪式之美与学校美育的仪式实现[J].当代教育科学.2016，19.

[22]朱鹏飞.美育的四个维度[J].知网，2009.

[23]康德.判断力批判：上海[M].宗白华，译.北京：商务印书馆，1964.

[24]席勒.秀美与尊严[M].张玉能，译.北京：文化艺术出版社，1996.

[25]王永林.人物传记类文本的教学价值于策略研究[J].知网，2018.

[26]李伟胜.班主任工作的教育思路[M].上海：华东师范大学出版社，2013.

学生本身就应当是教育者心中的一个特别存在

也应当是班级里一个独一无二的宝贝